Friedrich Kaiser, Julius Hopp

Der Billeteur und sein Kind

Lustspiel mit Gesang in drei Akten

Friedrich Kaiser, Julius Hopp

Der Billeteur und sein Kind
Lustspiel mit Gesang in drei Akten

ISBN/EAN: 9783743465350

Hergestellt in Europa, USA, Kanada, Australien, Japan

Cover: Foto ©ninafisch / pixelio.de

Weitere Bücher finden Sie auf **www.hansebooks.com**

Der

Billeteur und sein Kind.

Lustspiel mit Gesang in drei Akten

von

Friedrich Kaiser,

Musik vom Kapellmeister Julius Hopp.

Am 13. Dezember 1862 zum ersten Mal im k. k. priv. Theater an der Wien
mit glänzendem Erfolg gegeben.

Personen:

Graf von Schwertbach.
Baron Stromfeld, dessen Neffe.
Baron Rennberg, / Stromfeld's
Herr von Hellhaus, \ Freunde.
Brunnenthal, Theater-Direktor.
Henriette, seine Frau.
Wall, sein Sekretär.
Hell, Commissär.
Wirrmann, Billeteur.
Malchen, dessen Tochter.
Platzer, Logenmeister.
Frau Margareth, Garderobiere
Läufl, Theaterdiener.
Stürmer, Theaterfeldwebel.
Herr von Nelkenduft.
Rosa.

Sebastian Stechert, Flickschneider u.
    Hausinspektor.
Herr von Tannenhain \
Herr von Parkmann, |
Gähmann, } Theaterbesucher.
Bullmann, |
Brander, |
Lauberg, /
Klopf, / Schlossergesellen.
Schürer, \
Pierre, Kammerdiener des Grafen.
Frau Sali, Aufwärterin
Lisi, Dienstmädchen.
Zwei Kellnerjungen.
Ein Werkelmann.

Theaterbesucher, Schauspieler und Schauspielerinnen, Musiker,
Dienerschaft, Dienstmädchen, Fabriksarbeiter u. s. w.

Wien 1862.

Druck von Feodor Freund, Stadt, Ringstraße Nr. 1243.

Erster Akt.

(Stube in Wirrmanns Wohnung, sehr ärmlich eingerichtet, mit einer Mittel- und zwei Seitenthüren. — Im Vordergrunde rechts steht ein Schreibtisch mit Tintenfaß, Federn und Papier; ferner ein Leuchter mit weit herabgebrannter Kerze — daneben ein Feuerzeug — links ein kleines Tischchen mit einem Näh- kissen, auf einem Stuhle an der Hinterwand liegt ein Umhängtuch und ein Damenhut. — Rechts ein Fenster.)

Erste Scene.

Frau Sali, Lisi (Sali eben mit dem Fegen des Zimmerbodens beschäf- tigt, steht mit dem Kehrbesen in der Hand an der offenen Mittelthür.)

Lisi (geht eben vorüber und bleibt an der Thüre stehen.) Na, Frau Sali! Sie lassen da die Hausthüre offen — bei dieser Kälte!

Sali. O mein Gott! das ist schon alles Eins! — Die Leut hier haben sich heuer ohnehin das Heizen abge- wöhnt!

Lisi. Ist's denn wirklich wahr, daß es dem alten Schreiber so schlecht geht?

Sali. Mir scheint es geht schon bald gar nicht mehr! Für das, daß ich Ihnen die grobe Arbeit verrichte, hab ich jetzt schon zwei Monate keinen Kreuzer Lohn gesehen!

Lisi. Mit dem Alten hab' ich Mit- leid, das ist ein recht lieber freundlicher Mann, aber seine Tochter —

Lisi. Ja, das ist wahr, die hätt' ichon längst der Noth abhelfen können! Unser Hausinspector hat sie ja schon heirathen wollen! Er ist freilich nur ein Flickschneider, aber hat sich seine paar

Hundert Gulden zusammengespart, sitzt zinsfrei im Quartier —

Lisi. Na, Sie! aber häßlich ist er wie ein Krampus. —

Sali. Das wohl, übertragen auch schon, aber, wenn man so arm ist wie die Mamsell Mali und für die Leut arbeiten muß, hat man d'Männer nicht zum Aussuchen!

Lisi. So? glauben Sie? hm! mir scheint der Mamsell Mali geht's nicht gar so schlecht.

Sali. Was wollen Sie damit sagen?

Lisi. O je! — Sie wissen das noch nicht? — Na da könnt' ich Ihnen schon etwas Neues erzählen!

Sali (erstaunt) Ich bitt Sie! — So reden Sie doch!

Lisi (sich umsehend). Still, still! mir scheint, es kommt wer — kommen Sie nur hernach hinüber zur Greißlerin! (verschwindet vor der Thüre.)

Sali. (ihr nachrufend:) Ja, ja — bei der Greißlerin! — Dort ist noch meine einzige Erholung! Da kauf ich mir ein Loth Salz, und krieg einen Zentner Plausch umsonst dazu! (geht in die Seitenthür ab.)

Zweite Scene.

Wirrmann (allein). (Kömmt in einem abgeschabenen Rocke, Schriften unter dem Arm tragend, von rechts herein.)

Lied.

Ein Bißl nur mehr, als der Niemand,
    das ist,
Wie d' Leut glaub'n, ein Abschreiber
    oder Copist, —
Was ist denn ein Künstler? — Na,
    der ist doch nur,
Als Meister noch immer Copist der
    Natur!
Betracht' man die Zeit — unsere Ge=
    genwart ist die,
Nicht von der Vergangenheit eine Copie!
Und manch großer Mann in Europa
    florirt,
Nur dadurch, daß er sein'n Herrn On=
    kel copirt.
'Ne ältliche Dam', die noch sauber aus=
    sieht (aussieht)
Copirt ihre Jugend (mit der Pantomi=
    me des Schminkens,) in ihr'm
    eignen Gsicht!
Und soll ein Beamter was Neu's con=
    cipir'n,
Thut er aus'm Archiv einen „Schim=
    mel" copirn! —
Und denkt man, wodurch denn der
    Mensch edler wird?
Nur dadurch, daß er unsern Herrgott
    copirt!
Drum gibt's gar kein'n Menschen, der
    mehr als ich ist,
Was andre zum Theil, bin ich ganz
    – ein Copist!
Ja, ein Copist von Metier ist schon
was! Was ein Schneider für den Men=
schen ist, das ist der Copist für die Ge=
danken der Schriftsteller, diese werfen
ihre Gedanken so schlampig hin auf's
Papier, daß sie sich gar nicht vor der
Welt sehen lassen könnten — der Co=
pist säubert sie erst, gibt ihnen ein an=
ständiges Kleid, und bringt sie, sowie
der Schneider die Sterndeln (Sterne)
auf die Krägen der Uniformen, die
häufig vergessenen Unterscheidungs=
zeichen an! Aber es ist ein gewaltiger
Unterschied zwischen Copist und Copist.
— Mancher meines Standes ist durch
das stereotip mechanische Geschäft schon
selber zur Maschine geworden, der Ge=
danken abschreibt, ohne selber einen
Gedanken dabei zu haben; aber ich co=
pire mit Gefühl — mit Empfindung
— mit sentiments! und das ist eine
aufreibende Arbeit, wenn man, wie ich,
für ein Theater Bücher und Rollen co=
pirt! — Da wird das eigene Herz
gleichsam zum Flußpapier, auf dem sich
Alles, Spaßiges und Erhabenes ab=
druckt! Oft fallen mir auf die schönste
Reimschrift eines Trauerspiels ein Paar
lothschwere Thränen hinab, die den
ganzen Bogen verderben, oft aber —
bei gewissen Stellen einer modernen
Posse denk' ich: „Ach, das ist stark!"
schüttle die Feder, und — die Sau ist
auf'm Papier! — Da heißt's dann
wieder radiren, denn in der Abschrift
wird jeder Fehler gerügt, obwohl sehr
oft in den Originalien selber so viel
Fehler gegen Aesthetik und guten Ge=
schmack sind, daß man eine ganze Mes=
serschmied-Auslage von Radirmessern
und ganze Fässer voll Sandrak brauchte,
wenn man die alle corrigiren wollte!
Es heißt oft: „Das Buch ist der
Mensch!" Nun ja, die gewöhnlichen
Menschen sind die gedruckten Bü=
cher, da ist eines grad' so wie das an=
dere, und nur der Einband, das
Kleid nämlich, macht den Unterschied.
— Das Genie aber ist eine Urschrift,
ein nur einmal vorhandenes Manu=
script, welches aber mehr Werth hat,
als tausend andere Bücher in Franz=
band und Goldschnitt, wenn es auch
nur in ein altes abgeschabenes Leder
eingebunden ist! Aber solche Unica
kommen selten vor, und das ist eigent=
lich gut, denn Schwachköpfe werden

leicht versucht, sie zu copiren und unter allen Copisten sind die verächtlichsten die affenähnlichen Genie-Copisten!

Dritte Scene.

Wirrmann, Herr v. Nelkenduft.
Nelkenduft (gecenhaft gekleidet, tritt durch die Mittelthür ein.)
Guten Abend Wirrmann! guten Abend! Ihre Kundschaft ist da! Arbeit gibt's Freundchen! Postarbeit! (zieht ein Manuscript heraus).
Wirrmann. Ah! Herr von Nelkenduft! sind Sie schon wieder nieder gekommen mit einem Geisteskinde?
Nelkenduft. Ja, man muß jetzt fruchtbar sein. Die Directoren sind so wählerisch — das zehnte Stück ist ihnen nicht recht!
Wirrmann. Dann schrieb ich an Ihrer Stell einmal ein neuntes.
Nelkenduft. Hab' schon über fünfzig geschrieben, und noch kein einziges wurde aufgeführt! kein einziges! Ist das ein Geschmack? Wohin soll's mit der deutschen Bühne kommen, wenn man meine, sage meine Stücke nicht aufführt?
Wirrmann. Na, ja! und sie sind doch alle so hübsch abgeschrieben!
Nelkenduft. Aber ich halte aus! — Oh! ich bin nicht so leicht abzuschrecken! Endlich wird doch Eines dran kommen! Ich halte aus!
Wirrmann (für sich). Ob's aber hernach das Publikum aushält?! —
Nelkenduft. Gott sei Dank! Ich habe zu leben!
Wirrmann. Warum schreiben Sie denn hernach? Es heißt doch leben und leben lassen.
Nelkenduft. O das hat seinen besonderen Grund! Mein ganzes Lebensglück hängt davon ab!
Wirrmann. Na, so lassen Sie mir halt Ihre neueste Arbeit da! ich werde sie doppeln!

Nelkenduft. Doppeln? Sie sprechen ja von meinem Stücke gerade wie von einem Stiefel!
Wirrmann. Nein, nein, ich hab' gemeint eine doppelte Abschrift machen! Das wollen Sie ja immer.
Nelkenduft. Ja so! — Nun ja! — Aber hören Sie mich. Es ist dießmal ein ganz besonderer Fall! — Ein Exemplar muß ich sehr schön, auf Velinpapier geschrieben, morgen früh schon haben.
Wirrmann. Morgen früh? — Was fällt Ihnen ein? Da müßt' ich ja ein Affe sein!
Nelkenduft. Ein Affe? — wie so?
Wirrmann. Nun ja, damit ich vier Hände hätt' und in jeder eine Feder!
Nelkenduft. Aber mein Himmel! — (nach der Uhr sehend). Es ist doch erst fünf Uhr Nachmittags — wenn sie sich gleich darüber setzen.
Wirrmann. Dann könnt' ich höchstens eine Stunde arbeiten, denn um 6 Uhr muß ich in's Theater. —
Nelkenduft. Hm! 's ist wahr! — Sie versehen dort die Stelle eines Billeteurs — aber was thut das? — Sie kommen doch gegen 10 Uhr nach Hause — bleiben sie die Nacht auf trinken sie schwarzen Kaffe maßweise, Mocca oder Mecca, gleichviel — ich zahle Alles —
Wirrmann. Heut' Nacht arbeiten? (mehr für sich) Heut' Nacht! Nein! — auf keinen Fall! (geheimnißvoll) Entweder — oder, ist's „entweder" (freudig) dann — ach dann — !! ist's aber (schauerlich) oder (fürchterlich vor sich hinstarrend) dann! (laut) Aber gearbeitet wird heute auf keinen Fall! Geben Sie sich keine Mühe — auf Ihre Stücke wartet der Direktor schon noch!
Nelkenduft. Ah, der Director Dem will ich dieses Stück gar nicht übergeben! (schwärmend). Es ist für schönere, für zartere Hände bestimmt

Sie haben doch schon von der neuen Acquisition gehört, die das hiesige Thea-ter gemacht hat — Fräulein Florheim?

Wirrmann. Ach ja! eine Schau-spielerin für heitere Rollen mit sechs-tausend Gulden Gage, ja, da läßt sich's leicht heiter sein! Sie kommt glaub' ich vom Ausland?

Nelkenduft. Von Geburt ist sie eine Hiesige, aber ihr Renomee hat sie sich erst in Berlin und Hamburg er-worben. Dort hab ich sie kennen ge-lernt! Ach, ich sage Ihnen, ein genia-les Geschöpf — jung, schön, interessant, pikant — oft muthwillig bis zur Aus-gelassenheit, und doch könnten ihr selbst ihre ärgsten Feinde, wenn sie welche hätte — nichts Uebles nachsagen! Diese, ist nun schon seit einigen Wochen hier, ist aber noch nicht zum Auftreten ge-kommen! Ich habe hier meine Bekannt-schaft mit ihr erneuert und ihr bekannt, daß ich jetzt ein Dichter bin.

Wirrmann (ihn zweifelhaft an-sehend.) Wissen Sie das gewiß?

Nelkenduft. Ja—ich bin's, und wenn ich's nicht wäre, so würde sie mich dazu machen! — denn ich liebe sie — ich bin entschlossen, ihr meine Hand zu reichen — aber sie — die kleine Malice, sie lachte nur immer zu meinen Anträgen — aber neulich, als ich eben wieder von meinen dramatischen Erzeugnissen sprach), da sagte sie: „Nel kenduft!" sagte sie, „wenn wirklich ein von Ihnen verfaßtes Stück zur Auffüh-rung kömmt und entschieden gefällt, dann, dann reiche ich Ihnen meine Hand!

Wirrmann (für sich.) Mir scheint, die hat ein Gelübde gethan, ewig ledig zu bleiben.

Nelkenduft. Damit also jetzt bald ein Stück von mir aufgeführt wird, will ich einen eigenen Weg einschlagen. Ich habe in diesem meinem neuesten Produkte für sie die Hauptrolle geschrie-ben, will ihr's zuerst lesen lassen, und sie — sie selbst soll es dann übergeben.

Wirrmann. Na ja, sie wird schon finden, daß es zum übergeben ist!

Nelkenduft. Also liebstes, bestes Wirrmännchen! Verzögern Sie mein Glück nicht! Trachten Sie so schnell als möglich fertig zu werden! Die Zu-eignung zu dem Werke habe ich bereits in Verse gebracht! Hören Sie!

„Mögen Andere Dir spenden
Gold- und Diamanten-Zier,
Nimm dafür aus meinen Händen,
Nur indeß ein Stück von mir.
Mehr ist als der Steine Glanz
Dieses Stück von mir zur Probe,
Und beglückst Du es mit Lobe,
Dann sollst Du mich haben ganz.

Ist das Poesie! was?! Erst ein Stück von mir, dann mich ganz! — Diese zarte Anspielung! — O sie wird entzückt, begeistert mir in die Arme sinken und hauchen: „Ja, ich bin Dein — ich ganz!" (eilt durch die Mittel-thüre ab.)

Wirrmann. Ja, ich Gans! das müßte sie zu sich selber sagen, wenn sie den Narren heirathete! Aber(das Ma-nuscript betrachtend) an die Arbeit muß ich doch! — Er zahlt gut, und in mei-nem Börsenkalender ist totale Sonnen-finsterniß! — (Gott, wenn ich nur heut arbeiten könnte! Aber wo sind meine Gedanken! (Sich ermannend) Ah was, es nützt nichts! Ich muß mich dazu zwingen! (setzt sich zum Tische, beginnt zu schreiben, hält aber bald wieder inne, stützt den Kopf in die Hand, und sieht starr vor sich hin.)

Vierte Scene.

Wirrmann, Malchen.

Malchen (sehr einfach gekleidet aber nett, tritt, ein Papier in der Hand haltend, aus der Seitenthür links, Wirrmann erblickend, fast erschreckt, für sich:) Der Vater zu Hause?! (steckt

rasch das Papier ein, dann laut:)
(Guten Abend, lieber Vater!

Wirrmann (hört nicht auf sie.)

Malchen (für sich.) — Er hört mich
wieder nicht! (bedenklich den Kopf
schüttelnd.) Weiß Gott, welche Gedanken ihn seit einiger Zeit so beschäftigen!
(setzt sich, nimmt eine weibliche Arbeit
zur Hand, fortwährend auf Wirrmann
blickend, für sich.) Mir wird fast ängstlich zu Muthe, wenn ich ihn so sehe
stundenlang unthätig vor sich hinstarrend und dann wieder

Wirrmann (wirft plötzlich die Feder weg, und springt vom Sitze auf.)
Ich kann nicht, — ich kann nicht! und
es geht nicht — es geht einmal nicht!
(geht unruhig auf und nieder.)

Malchen (ebenfalls aufstehend mit
einem Seufzer.) Auch ich kann heute
unmöglich arbeiten.

Wirrmann (bei ihr stehen bleibend)
Auch Du nicht? Ja, wir sind ja heut
eine recht fleißige Familie!.

Malchen. Ach, sei nicht böse lieber
Vater.

Wirrmann. Ich bös auf Dich,
wenn einmal Deine kleinen Finger
müde werden? Was fällt Dir ein!
Mich wundert's ohnehin, daß Du so
lang aushältst — vom frühen Morgen
bis spät in die Nacht so drauf loszu-
stechen!

Malchen. Ich folge nur Deinem
Beispiele — arbeitest nicht auch Du
den ganzen Tag, und gönnst Dir nicht
einmal Abends eine Erholungsstunde,
seitdem Du nun den Nebendienst als
Billeteur auch noch angenommen hast!

Wirrmann (betrübt vor sich hin-
sehend.) Ja, das ist das Loos des Schö-
nen auf der Erde! — Ich einst selbst
musikalisch dramatischer Künstler und
jetzt — Billeteur!!

Malchen. Aber Vater! Du erzähltest
mir ja selbst, daß Deine einstige Stellung als Mitglied einer Operngesell-
schaft eine sehr bescheidene war.

Wirrmann. Na ja — ich hab
immer nur fünfte Parthien gesungen,
aber es hätte vielleicht noch etwas aus
mir werden können, wenn ich nicht so
jung geheirathet hätte..

Malchen. Wie? Deine Ehe war
Schuld? und meine Mutter war doch
selbst Sängerin!

Wirrmann. Und was für eine
Sängerin? Prima donna assoluttis-
sima! Aber eben deßwegen hat sie mich
nur unter der Bedingung geheirathet,
daß ich gar nicht mehr singe! Na ja,
der Abstand zwischen mir und ihr
war allerdings grad so groß, wie der
zwischen grünen Lorbeerblättern und
gefaulten Aepfeln! Uebrigens hat schon
so mancher Andere, wenn er geheirathet
hat, auf das Recht, eine Stimme
zu haben, verzichtet, und so hab
auch ich eingewilligt, und mit ihr als
Nichtsthuer ein paar Jahre in den glänzendsten Verhältnissen gelebt, bis sie
Dich zur Welt gebracht hat, und noch
am nämlichen Tage selber aus der
Welt gegangen ist.

Malchen. Meine arme Mutter!

Wirrmann. Je nun, sie ist als
gefeierte Künstlerin abgetreten von der
Lebensbühne, aber ich — ich bin jetzt
auf einmal dagestanden als verwaister
Gatte — mir hat man keine Pension
gegeben! — Ich hab wieder zum Theater gewollt, aber ich hab inzwischen
mutirt g'habt — ich war ein fertiger
Tenor geworden, das heißt: ein Tenor,
der mit seinem Bißchen Stimme ganz
fertig war — genug — ich habe kein
Engagement mehr gefunden! Da bin
ich jetzt gestanden, ohne Gage — ohne
irgend etwas Anderes zu besitzen, als
ein kleinwinziges Würmlein in der
Wiege — nämlich Dich. —

Malchen. Und doch hast Du Dich
redlich fortgebracht!

Wirrmann. Na ja — ich habe
gethan, was man thun kann, wenn
man so in der Tinte sitzt — ich habe

mich auf's Abschreiben verlegt, und Dich so zu sagen, bei der Tinte aufgezogen. — Es ist ein Wunder, daß Du keine Mohrin geworden bist! Nun — später hab ich den Billeteur-Dienst auch noch bekommen, und Du — Du blutest aus zerstochenen Fingern für eine Modistin.

Malchen. Und doch langt aller Fleiß nicht aus, um unseren gewiß bescheidenen Haushalt zu bestreiten!

Wirrmann. Ja, mit dem Zins vom letzten Vierteljahr hängen wir noch — der Greißler neben an wartet jetzt auch schon, bis ich ihn zuerst grüße.

Malchen (entschlossen.) Es muß anders werden — es muß!

Wirrmann. Ja — Du hast mir ja gesagt, daß Du eine ganz neue Art von Mode-Arbeit lernst, die bei weitem mehr einträgt, bringst deßwegen schon seit ein paar Wochen jeden Vormittag bei der Modistin zu — hoffst Du das Zeug's bald los zu haben?

Malchen (beklommen). Noch heute soll sich's entscheiden, ob ich für diese Beschäftigung verwendbar bin.

Wirrmann (erstaunt). Noch heute? Auch bei Dir heute? (für sich) Merkwürdig! aber es gibt gewisse Tage, welche Schicksalstage für ganze Familien sind!

Malch. (bange nach oben blickend). Ach! wenn nur der heutige Tag schon vorüber wäre!

Wirrmann. Ja wohl — der heutige Tag! Aber ich hab' eine Todesangst! (geht wieder aufgeregt auf und nieder.)

Malchen (erstaunt). Du Vater, auch Du?!

Wirrmann. Ja! auch ich war bedacht, unsere Lage zu verbessern, und da hab' ich denn heimlich, wenn Du schon geschlafen hast, eine ganz besondere Arbeit vollendet, die heute noch einer sehr vornehmen Herrschaft gezeigt wird, und wenn sie der gefällt — ach!

— ach wenn sie gefällt. — dann ist Alles — Alles gut!.

Malchen. Aber daß Du mir gar nichts davon sagtest.

Wirrmann (wichtig.) Strenger Auftrag! Ich habe mein heiliges Ehrenwort geben müssen, daß ich keinem Menschen sage, daß die Arbeit von mir ist, sonst wäre sie gar nicht gezeigt worden! Wenn sie aber Gnade findet, dann kann's die ganze Welt erfahren!

Nun also — (resignirt) ich kann jetzt nichts mehr dran ändern.— es heißt also gefaßt die Entscheidung abwarten!

Malchen (für sich). Ja, gefaßt! — Muthig und gefaßt! (laut) Aber Vater! Ich muß jetzt fort — ich hab' noch Einiges zu besorgen!

Wirrmann. Auch ich! (seufzend für sich) Ich habe sehr viel zu besorgen! (laut) Ja, so geh mit Gott mein Kind!

Malchen (während sie den Hut aufsetzt, und das Tuch umhängt). Du wolltest ja auch heute zeitlicher fort gehen?

Wirrmann. Ja, mich duldet's nicht länger im Haus — ich muß in die freie Luft hinaus, herumrennen bis es Abend wird, und dann — ins Theater!

Malchen. Du kömmst also früher nicht mehr nach Hause?

Wirrmann. Bevor's Theater aus ist, auf keinen Fall.

Malchen (für sich). Das ist gut!

Wirrmann. Bis dahin hab' ich auch schon den Bescheid über meine Arbeit.

Malchen (wieder beklommen). Auch ich!

Wirrmann. Ja, so wollen wir hoffen, daß wir Beide uns dann mit recht zufriedenen Gesichtern entgegen kommen.

Malchen. Das gebe Gott! — Also auf frohes, recht frohes Wiedersehen! (fällt ihm um den Hals, küßt ihn innig und eilt dann durch die Mitte ab).

Wirrmann (allein, ihr nachsehend).
Was hat denn das Mädel? Sie kommt
mir heut so ganz eigen vor! Ueberhaupt
schon seit einigen Tagen — sie ist zer-
streut — verwirrt — wenn sie nach
Haus kommt, sieht sie immer so echauf-
firt aus! — Das arme Kind strengt
sich wohl mit der neuen Arbeit zu stark
an! Na — wenns mir heut' gut geht,
soll sie auch ein Paar frohe Tage ge-
nießen! — Aber jetzt will ich fort —
hm! In der Nacht wird's aber kalt
werden — ich werde doch meinen wär-
meren Rock anziehen! (geht in die Seitenthüre rechts ab).

Fünfte Scene.

Sebastian Stecherl (tritt durch die
Mittelthür ein).

Lied.

Betracht't man d'Welt und ihre G'schicht',
Sie hat nichts Ganzes im Gesicht.
Sie war bald nach den Schöpfungs-
tag'n
Zerrissen schon und abgetrag'n!
Z'erst war der Adam nur allein,
Doch fand man, der würd' nicht g'nug
sein,
Drum schnitt man ihm die Rippen aus,
Und macht' die Fräul'n Eva draus,
So war halt in der Schöpferei
Im Anfang schon 'ne Flickerei!

Wird jetzt ein neues Haus gebaut,
Das wackelt schon, wenn man's an-
schaut,
Drei Tag ist kaum die Mauer alt,
So droht's schon, daß 's zusammen-
fallt,
Oft thut's schon unter Dach ganz sein
Da fallt's dem Architekten ein:
Er hab' vergessen in sein'm Plan,
Zu bringen eine Stiege an!
Jetzt g'schwind 'nen Zwickel an's Ge-
bäu' —
Ein neu's Haus und schon Flicke-
rei!

Schaut man in ein Gesetzbuch h'nein,
Die Paragraph, die drinnen sein,
Wie man dabei hat ang'strengt sich,
Es hält auf d'Länge doch nicht Stich,
Heut ist das giltig, morgen g'schieht
'Ne Aenderung, die es verbieth't —
Merkt man zu spät, wo es thut fehl'n,
So kommen hinterher Novell'n —
Man wird nie vom Nachbessern frei,
'S gibt alleweil nichts, als Flickerei!

Und dann d'Finanzen erst — o je!
Wenn sie berathen das Budget,
Da gibt's wohl Schneider genug im
Haus,
Doch langt der Stoff zum Kleid nicht
aus!
Wenn sie auch noch so knapp zuschneid'n
'S fehlt in der Länge, in der Breit'n
Das große Loch, das Deficit,
Kann man halt ganz verstopfen nit,
(nicht)
Drum 'nen geborgten Fleck herbei -
Jahr aus Jahr ein gibt's Flickerei!

O mein Gott! ich denke da an aus-
wärtige Flickerei und ich selber ein
Flickschneider, trag in mir etwas Zer-
rissenes herum — mein Herz und weiß
nicht, was ich damit anfangen soll! —
Hier hätt' ich wohl einen gleichartigen
Stoff gefunden, der dazu gepaßt hätte
— mein Herz und das der hübschen
Abschreiberstochter hätten sich so schön
zusammenstückeln lassen, aber sie hat
mir's nicht zukommen lassen! Jetzt
hab' ich mein eigenes Herz gewendet,
hab den Riß, den die Liebe hineinge-
macht hat, mit Haß verstopft, und neben meinem Schneiderhandwerk ist noch
Rache mein Metier! Jetzt bei der Ge-
werbefreiheit, kann ich das Nebenge-
schäft schon auch noch treiben, und sie
selbst hat mir das Materiale dazu reich-
lich geliefert. (gegen die Seitenthüre
rechts sehend.) Da kommt ihr Vater —
da kann ich gleich meinen Verrath an
Mann bringen.

Sechste Scene.

Stecherl, Wirrmann. (Während dieser Scene tritt nach und nach Dämmerung ein, so daß die Bühne am Schlusse ganz dunkel wird.)

Wirrmann (in einem Oberrocke, tritt aus der Seitenthür rechts, Stecherl erblickend, für sich:) O weh! der abgewiesene Haus-Inspektor! (laut, etwas verlegen) Guten Abend, Herr Stecherl! Ich darf wohl nicht fragen, was mir die Ehre gibt, denn es ist für eine Parthei eben keine besondere Ehre, wenn der Haus-Inspektor sich persönlich zu ihr bemühen muß.

Stecherl. O! Sie glauben doch nicht, daß ich wegen des Zinses komme? (Gott bewahre, der ist mir bei Ihnen sicher.

Wirrm. (selbst zweifelnd). Glauben Sie?

Stecherl. O, ich bin davon so überzeugt, daß ich Ihnen sage, wenn sie vielleicht eine schönere Wohnung brauchen als die da ebener Erde — die im ersten Stock wird auf Georgi frei — sechs Zimmer (Gassenfront — Flügelthüren — Parquetten — Sie können sie haben!

Wirrmann. Die Wohnung im ersten Stock? (für sich.) Er läßt mich steigen!

Stecherl. Also wollen Sie? (hält ihm die Hand hin) Schlagen Sie ein! Ich verlange nicht einmal ein Darangeld!

Wirrmann (etwas gereizt.) Herr Stecherl! foppen ist bei mir nicht am Platz! — Was ich schuldig bin, werd' ich bezahlen! (Gott sei Dank! wir verdienen noch so viel — ich und meine Tochter —

Stecherl. Na, jetzt Sie mit Ihrer Abschreiberei wären nur wenig Garantie — aber Ihr Fräulein Tochter — ah! (zieht die Mütze ab) allen Respekt!

Wirrmann. Ja, Respekt verdient meine Tochter. Aber in wie weit sie Ihnen größere Bürgschaft ist —

Stecherl. O sie hat zwei große Capitalien — Jugend — Schönheit —

Wirrmann. Sie vergessen das dritte und bedeutendste Capital: Jugend!

Stecherl. Hm! Jugend ja! Aber die weibliche Jugend ist weniger baare Münze, als vielmehr eine Obligation, bei der man nur dann profitirt, wenn man sie zu rechter Zeit an Mann bringt! Na, so zwischen siebzehn und achtzehn steht das Papier am höchsten im Cours, und hä hä! ich hätte nicht gedacht, daß die Fräule Tochter so ein Börsen-Genie ist!

Wirrmann (aufmerksam werdend) Börsen-Genie? was wollen Sie damit sagen?

Stecherl. Na, sie erkennt halt, daß jetzt just die rechte Zeit für sie ist, mit der Obligation loszuschlagen.

Wirrmann (ihn starr ansehend.) Ich will Sie noch nicht recht verstehen, sonst müßt ich losschlagen, aber ohne Obligation! Haus-Inspektor! jetzt hab einmal ich was von Ihnen zu fordern — nemlich Aufklärung!

Stecherl. Aber, lieber Freund! Nur mir gegenüber keine solchen Sponponaden! Sie werden doch nicht für so blind, oder gar für so dumm gelten wollen, daß Ihnen als Vater das entgangen wäre, was schon alle Greißler in ihren Laden erzählen und die Spatzen auf dem Dach singen!

Wirrmann (außer sich, beinahe schreiend). Was — was erzählen die Spatzen? -- Was singen die Greißler auf dem Dach?

Stecherl. Hm! heimliche Zusammenkünfte — brillante Existenz versprechende Verhältniß Anbahnungen!

Wirrmann (faßt ihn wüthend am Halse). Noch ein solches Wort, und

Sie sollen an die Atmosphäre beför-
dert werden ohne Flugmaschine!

Stecherl (sich losmachend). Aha!
mich will man hinauswerfen! freilich,
ich bin nur von der Nadel, und nicht
vom Adel! (retirirt furchtsam).

Wirrmann (immer wüthender
wieder auf ihn losgehend). Mensch!
Zum erstenmal hab ich dich im Verdacht, daß Du etwas weißt! Boshafter
Ohrwurm! Jetzt spritz Dein Gift aus,
oder ich tret' Dir's aus dem Leib!

Stecherl (bereits in einer Ecke des
Zimmers). Gut — ich will reden, aber
garantiren Sie mir erst die Sicherheit
der Person!

Wirrmann (sich mit Mühe mäßi-
gend). Gut — ich will mich beherr-
schen — will selbst Lügen und Ver-
läumdungen ruhig anhören! Also heraus
jetzt mit dem ganzen Gerätsch alter
Weiber weiblichen und männlichen Ge-
schlechts! Kommen Sie hervor — Sie
sehen, ich bin ganz ruhig!

Stecherl (hervorkommend). Sagen Sie mir, wo geht denn Ihre Fräulein Tochter alle Tag, so gegen 10 Uhr
Vormittag hin?

Wirrman. Wo sie hingeht? Zu
ihrer Marchande des modes!

Stecherl (höhnisch). Zu ihrer Marchande des modes?! Aber mit einer
Equipage abgeholt werden, das ist doch
mehr scharmante Mode, als Marchande des modes.

Wirrmann. Mit einer Equipage?
— Unmöglich!

Stecherl. Möglich, daß es unmöglich ist, aber wahr ist's! Ich hab
es selber gesehen! Drüben überm Eck
von der Seitengasse wartet täglich die
Equipage — da kommt die Fräule Mali
schaut sich zuerst vorsichtig um, ob
sie Niemand sieht, und husch ist sie im
Wagen drinn!

Wirrmann. Und wer — wer ist
sonst im Wagen drin?

Stecherl. Drinn? — Sonst Niemand!

Wirrmann (aufathmend). Sonst
Niemand.

Stecherl. Aber vor ein paar Tagen, da hat auf der Straße der junge
Baron Stromfeld schon auf sie gewar-
tet! — Er hat nur ein paar Worte
heimlich mit ihr gesprochen — dann
hat er sie in den Wagen gehoben. —

Wirrmann. Und ist nach ihr ein-
gestiegen?

Stecherl. Nein — das nicht!

Wirrmann (wie oben). Gott sei
Dank!

Stecherl. Aber weiter unten in
der Gasse ist sein Cabriolet gestanden,
da ist er hernach aufgesessen und ist
ihrem Wagen nachkutschirt! Sie werden wahrscheinlich schon verabredet haben, wo sie später zusammenkommen!

Wirrmann. Sie und der Baron?
— Niederträchtig!

Stecherl. Im Gegentheil — ausgezeichnet! Der junge Baron hat jetzt
schon eine Revenue von zwanzigtausend
Gulden, erbt einmal eine Million, wenn
sein alter Onkel stirbt.

Wirrmann. Er stirbt aber früher,
als sein Onkel — unter meinen Händen, wenn er sich nur einen Gedanken
auf meine Tochter macht!

Stecherl Lassen Sie ihn leben —
er wird Sie auch leben lassen! Er ist
bekannt als ein nobler Herr — ein frei-
gebiger Herr — ein echter Cavalier —
er wird den Vater seiner Geliebten —

Wirrmann (außer sich). Den Vater seiner — (fährt sich mit beiden
Händen nach der Stirne) ich mag das
Wort gar nicht aussprechen — der Gedanke daran quirlt schon mein Hirn
durcheinander, wie ein Chocoladesprud-
ler! Aber — nein, nein — es ist nicht
wahr — es kann nicht wahr sein!

Stecherl. Sie glauben's noch nicht,
wenn Sie schon hören —

Wirrmann. Hören! hören! — Auf die Ohren soll man sich nicht verlassen, die glauben immer nur andern Leuten, aber die Augen die glauben nur, was sie selber sehen! — Drum— eh ich nicht mit meinen eignen Augen -

Stecherl. Na — ich kann Ihnen auch mit so was dienen — hier in ihrem Quartier. —

Wirrmann (hastig). Mit was? — mit was?

Stecherl. Gestern Abend, wie Sie schon fort waren, hab ich einen mir bekannten Laufburschen von einem der ersten hiesigen Damenschneider mit einem großen Carton da bei der Thür (auf die Mittelthür zeigend) herein, und gleich darauf ohne Carton wieder fortgehen gesehen!

Wirrmann. Mit dem Carton herein — ohne Carton hinaus? Also müßte der Carton sammt seinem Inhalt noch in meinem Haus sein — vermuthlich da drinn (auf die Seitenthür links weisend) in ihrem Kämmerlein? — Ha! — da will ich sogleich strenge Hausdurchsuchung halten, und wenn ich etwas finde— wenn ich etwas finde — Herr Stecherl! (faßt seine Hand) haben Sie schon jemals Emilie Galotti gesehen?

Stecherl. Nein! — Die Person kenn ich nicht.

Wirrmann. Nun denn — wenn ich etwas finde — dann sollen Sie dieses Trauerspiel — und mich als alten Galotterer sehen! (stürzt in das Seitenzimmer links ab).

Stecherl (allein). Ha ha! — Er scheint wirklich nichts davon gewußt zu haben!—Na, g'schnappige (schnippische) Fräule! jetzt liegt die Lunte am Pulverfaß, und wenn Sie nach Haus kommen — prdauß! geht die ganze Pastette los! O die Rache hat wirklich etwas Syruppähnliches!

Wirrmann's Stimme (noch im Nebenzimmer). Ha! da — wirklich! wirklich!

Stecherl. Aha! hat's schon der trappelt (aufgefunden)!

Wirrmann (stürzt wieder aus dem Nebenzimmer, ein prachtvolles Kleid von rosenfarbener Seide in Händen haltend). Da — da ist's, was ich entdeckt habe!

Stecherl. Ein Kleid von Moiré antique — das kostet wenigstens 100 Gulden — das kann ich schätzen, aber ein armes Mädel, das so ein Kleid zum Präsent annimmt, kann ich nicht schätzen!

Wirrmann. Wie kommt meine Tochter dazu?

Stecherl (eine Prise nehmend). Hm! s'hat ihr's vielleicht das Christkind beschert, das stellt sich ja manchmal so ein bei den braven Kindern!

Wirrmann. Das Christkind? — Na wart! da werd' ich als Krampus dazwischen fahren! (wirft das Kleid auf den Tisch, und rennt wüthend auf und nieder).

Stecherl (ihm nachgehend). Recht haben Sie, wenn Sie im Anfang ein Bißl (Bischen) aus der Haut fahren, ein bißl Spektakel machen — es ist der Leute wegen, damit man nicht glaube daß Sie einverstanden waren mit dem, was geschehen ist!

Wirrmann (sich so rasch umwendend, daß er beinahe an den ihm folgenden Stecherl anprallt). Was— was ist geschehen?

Stecherl (zurückfahrend). Na, ich meine nur —

Wirrmann. Ich schlag' Jeden nieder, der sagt, daß etwas geschehen ist! Elende Verführungs-Versuche von der einen — und — ich will's zugeben — Schwankungen von der andern Seite —aber gefallen ist meine Tochter nicht! — Sie kann's — sie kann's nicht sein! (sinkt in einen Stuhl, und birgt das Gesicht in beide Hände). Meine Tochter — meine ganze Welt und sie sollte verloren sein?!

Stecherl. Nur zur Hälfte, denn die Halbwelt bleibt ja übrig!—Mein Himmel! so ein junges Mädel findet halt in der jetzigen Zeit zu viele glänzende Vorbilder — die ehrsamste Frau wird ja jetzt nicht überall mit solcher Auszeichnung behandelt, wie eine reich dotirte Demi-mondische. Das verlockt! — Es ist halt so — wir werden's nicht ändern! (geht gegen die Mittelthür, öffnet sie — horcht und sieht hinaus).

Wirrmann (vom Sitze aufspringend). Wir werden's nicht ändern?! — Ich werd's — ich werd's!

Stecherl (kommt eilig von der Thür zurück). Sie kommt — ich hab' sie just übern Hof gehen gesehen!

Wirrmann. Meine Tochter!

Stecherl. Ja — aber nicht allein — es ist noch eine weibliche Person bei ihr —

Wirrmann. Noch eine weibliche Person? — wer soll die sein?

Stecherl. Wie Sie noch fragen können? Bei solchen Geschäften heißt's nicht, wie bei andern Offerten, „Unterhändlern wird kein Gehör gegeben!"

Wirrmann. Aber ich — ich will ihr Gehör geben! — Ich will horchen — meine Tochter glaubt, ich bin nicht zu Haus — ich will sie bei dem Glauben lassen! (eilt zur Thür, schließt sie zu, und zieht den Schlüssel ab).

Stecherl. Was thun Sie denn? —Sie sperren zu? Wie soll sie denn da herein kommen?

Wirrmann. Sie hat den zweiten Schlüssel immer bei sich! Nur schnell da herein! (auf die Seitenthür links weisend). Sie kommen mit — schärfen Sie Ihre Ohren!

Stecherl. Wenn ich das gewußt hätte, hätt ich meine Ohren schleifen lassen.

Wirrmann (rasch das Seidenkleid vom Tisch nehmend) Halt! die Hauptsache! Sie darf nichts merken, daß ich was gemerkt hab'! — und jetzt auf die Lauer! O Gott! straf' nur heut' das Sprichwort Lügen:

Der Horcher an der Wand
Hört seine eig'ne Schand!

(Eilt mit Stecherl in's Nebenzimmer ab).

Siebente Scene.

Malchen. Rosa. (Die Thür wird von Außen aufgeschlossen).

Malchen (tritt zuerst ein). Der Vater ist, wie ich vermuthe, nicht mehr zu Hause (zurücksprechend). Komm nur herein, ich werd' sogleich Licht machen.

Rosa (in einem eleganten Hausanzuge, darüber einen Mantel, tritt ein).

Malchen (ist zum Schreibtisch getreten und hat Licht gemacht) Nun sieh dich bei mir um! — So schön, wie bei Dir ist's freilich nicht!

Rosa. Ha! ha! damals, wie wir zwei noch miteinander in die Schule gingen, war das Quartier meiner alten Tante nicht einmal so eingerichtet! Aber Jedermann und auch jedes Mädel ist seines eigenen Glückes Schmied! Man muß nur den nöthigen Unternehmungsgeist haben, na und den, — Gott sei Dank! hab ich gehabt!

Malchen. Ach! hätt' ich nur Etwas von Deiner Entschlossenheit! — Aber ich — (Gott! je näher die verhängnißvolle Stunde rückt, um so banger wird mir zu Muthe!

Rosa. Nun ja — ich weiß recht gut, wie einem in so einem Augenblick zu Muth ist — hab's ja auch erfahren! Aber, glaub' mir, es ist nicht so arg, als Du Dir's vorstellst! Na (indem sie ihren Mantel abwirft) jetzt komm her — setz Dich nieder — ich will Dich recht schön machen. Wir hätten das zwar in meiner Wohnung auch thun können, aber da wär ich nicht so ungestört — alle Augenblick kommt da eine unabweisliche Visite —

Malchen (hat indeß auch ihren Hut abgelegt, und richtet auf dem Tische einen Toilettespiegel, Kämme und Haarbürsten zurecht). Du bist so gut, liebe Rosa! willst mir selbst den Kopfputz machen!

Rosa. Hab ich Dir Verschiedenes in Dein Köpferl hineingebracht, so muß ich schon auch für das Auswendige sorgen! — Ich weiß, was zu so einem Gesichtchen am Besten steht! — Uebrigens bist Du ja ohnehin so nett, daß sich's nur drum handelt, wie man den Schmuck recht zwischen die Locken bringt! (sie zieht aus einem Haarbeutel mehrere Etuis heraus, öffnet dieselben, nimmt Ohrgehänge, Haarnadel, Bracelettes und Colier sammt Brosche, sämmtlich mit reichen Steinen besetzt, heraus und schmückt damit Malchen, während sie ihre Haare ordnet). So daher die Rauten-Nadel — häng Dir die Ohrgehänge ein! — So — und die Locken so etwas a la „holder Mond"— recht schwärmerisch! Du wirst aussehen, wie eine Königin!

Malchen. Ja, wenn's mit dem Aussehen abgethan wäre.

Rosa. Es kommt sehr viel drauf an! Gott! wir Frauenzimmer richteten ja gar nichts aus, wenn wir nicht aussähen! Aber sei nur gleich im Anfang recht feurig! Weißt, Du mußt Dir nur selber einbilden, Du wärst wirklich zum Sterben in den jungen Cavalier verliebt!

Malchen (vor sich hinblickend, mit einem unterdrückten Seufzer). In den jungen Cavalier!

Rosa. Ein hübscher Mann ist ja Dein Liebhaber, und hat auch Feuer.

Malchen. Ach! er ist beinahe zu ungestüm und ich — ich hatte nicht den Muth, es ihm zu verweisen.

Rosa. Im Anfang ist's besser, wenn Du zu Allem still bist, bis Du einmal fest gestellt bist — dann kannst Du schon auch ein Wort drein reden. — Ach, Du sollst nur einmal mich hören — wie ich mit den jungen Herren herum kommandire!

Malchen. Ach! ich werde wohl manche Kämpfe zu bestehen haben!

Rosa. Ja, ohne dem geht's nicht ab! Es möchte vielleicht manche Dich heute schon vergiften, weil Du ihr die gute Parthie weggefischt hast, auf die sie selber schon gespitzt hat!

Malchen. Beinahe ließ' ich sie gerne einer Andern! Ich kann's nicht läugnen, daß ich Stunden habe, in welchen ich es bereue, diesen Schritt gethan zu haben, und wenn ich jetzt noch zurücktreten könnte —

Rosa. Was fällt Dir ein?! Jetzt kommt die Reue zu spät! — Wenn man einmal so weit ist —

Malchen. Wenn ich an meinen Vater denke -

Rosa. Der kann doch nur froh sein, so viel als Du jetzt in einem Monat in die Wirthschaft geben kannst, habt Ihr alle zwei das ganze Jahr hindurch nicht verdient!

Malchen. Aber er dachte nie daran, daß ich unsre Existenz auf diesem Wege sichern wolle!

Rosa. Es gibt aber keinen einträglicheren bei der jetzigen Zeit, und keinen, wobei Du immer so selbstständig bleibst! — Gefällt Dir Dein jetziges Verhältniß nicht, oder findest Du ein noch besseres, so kannst Du Dir's ja immer ändern. Bist ja nicht verheirathet — So — das Köpferl ist fertig!

Malchen (steht auf.)

Rosa (tritt vor sie hin, faßt sie bei beiden Händen und betrachtet sie wohlgefällig). Recht lieb schaust Du aus! Auf Ehre! es gehört viele Freundschaft, viele Selbstüberwindung dazu, sich eine solche Nebenbuhlerin noch selber herauszuputzen! Na laß mir nur noch ein paar Männerherzen übrig!

—— 14 ——

Malchen. O! scherze nicht! Mir ist wahrhaftig nicht darnach! Doch jetzt ist's an der Zeit — der Wagen wartet auch schon — nur ein Tuch über den Kopf, damit man mich im Hause nicht in diesem Aufputze sieht.

Rosa (nimmt von ihrem Halse ein leichtes Spitzentuch, und legt es über Malchens Kopf.) Da — nur recht leicht drüber gelegt, damit von der Frisur nichts zerdrückt wird!

Malchen (hält das Tuch unter dem Kinne mit der Hand zusammen). So — und nur noch das neue Kleid! (geht gegen die Seitenthür links).

Achte Scene.

Vorige, Wirrmann—Stecherl

Wirrmann (tritt verstört, das Kleid hoch in der Hand tragend, aus dem Seitenzimmer). Da da ist das Kleid!

Malchen (erschreckt zurückfahrend). Mein Gott! — der Vater!

Wirrmann. Vater?! — So! erinnerst Du Dich doch noch, daß Du einen Vater hast? — Ja freilich, Du brauchst ihn ja, um den fürchterlichen Schritt, den Du verhast, noch vor der Welt so einen quasi moralischen Anstrich zu geben! — Ach es soll wohl heißen: „Die Armuth ihres Vaters hat sie dazu getrieben, Brillanten und Seidenkleider zu kaufen, und mit ihrer Ehre zu bezahlen! (wirft das Kleid wieder auf den Tisch).

Malchen (erschüttert). Mit meiner Ehre?

Rosa (rasch vortretend). Erlauben Sie, Herr Wirrmann! das geht mich auch an, denn was sie (auf Malchen weisend) werden will, das bin ich schon lange — drum muß ich reden!

Wirrmann (wüthend auf Rosa zugehend.) Sie? Sie wollen noch reden?! Gällen mir nicht ohnehin die

Ohren von dem, was ich Sie da drinn reden gehört habe!

Rosa (ihn stolz anblickend). Mein Herr! Sie haben gehorcht? — Pfui! — (sich abwendend) Schämen Sie sich!

Wirrmann. Ah! da schau einmal die feke Person an!

Stecherl (leise zu Wirrmann). Ja, fek ist sie — aber sehr sauber!

Wirrmann (leise zu Stecherl). Das waren die gefallenen Engel alle! (wieder zu Malchen). Du siehst, ich weiß Alles!

Malchen (mit gekränktem Stolze). Vater! Es darf mich nicht verletzen, daß Du unser Gespräch belauscht hast, aber daß Du den Menschen (auf Stecherl weisend) zum Zeugen nahmst —

Stecherl (beleidigt). Was „den Menschen?" Fräule Mali! das bitt ich mir aus! — Ich geb Ihnen nicht gleich so „einen Menschen" ab!

Wirrmann (zu Malchen). Untersteh dich nicht, den Mann zu beleidigen. Ich hab ihn schon beleidigt genug, aber mit Unrecht! — denn er ist mir — vielleicht eh es zu spät! als Warner erschienen! Ich betrachte ihn als meinen und als Deinen wahren Freund, und Du sollst Dich, wenn Du kannst—auch in seiner Gegenwart rechtfertigen!

Malchen. In seiner Gegenwart? Nimmermehr!

Rosa. Nein der Zeuge wird nicht angenommen! Ueberhaupt ist der Fall von einer Art, daß er nur bei verschlossenen Thüren verhandelt werden kann!

Wirrmann (entrüstet). Sie red't schon wieder!

Rosa. Ja, ich stehe hier als Vertheidiger—ich beanspruche Redefreiheit!

Wirrmann (immer mehr erbittert) Sie — als Vertheidigerin! — Schauen Sie sich selbst bald um einen Vertheidiger um, denn Sie zeig' ich gerichtlich an!

Rosa (laut auflachend). Ha ha ha, ha ha ha.

Wirrmann. Sie lacht noch! Sie lacht!

Stecherl (leise). Aber sie lacht ungeheuer appetitlich!

Wirrmann (zu Rosa). Fräule — oder Mamsell — oder — ich weiß nicht wie ich Sie tituliren soll -- aber ich rath Ihnen, mengen Sie sich jetzt nicht in unsre Angelegenheiten, oder — bei Gott! ich vergeß', daß Sie ein zerbrechliches Frauenzimmer sind! Also (gebieterisch) Still — ich red' mit meinem Kind! (eilt zu Malchen, und faßt sie am Arme). Du red' — Du bekenne!

Malchen. Vor dem (auf Stecherl weisend) nicht!

Wirrmann. Nicht?! — Nicht?! — (läßt ihren Arm los, und erhebt seine beiden Hände geballt gegen sie). So will ich — —

Malchen (entsetzt zurück weichend). Vater!!

Neunte Scene.

Vorige. Läufl.

Läufl (stürzt fast athemlos herein zur Thür). Herr Wirrmann! Herr Wirrmann!

Wirrmann (auffahrend). Was ist's?

Läufl. Aber um Gotteswillen! wo bleiben Sie denn heut? Der Theater-Cassier schickt mich --

Wirrmann (zu sich kommend). Theater! bei Gott! Bald hätt' ich über die Comödie in meinem Haus auf das ganze Comödienhaus vergessen. (zu Läufl) Nun was gibt's? 's ist doch keine Störung eingetreten?

Läufl. Sie — Sie machen die Störung! Die Cassa ist schon eröffnet, und die erste Gallerie hat noch keinen Billeteur.

Wirrmann. Schon eröffnet? - Gott — wie die Zeit vergangen ist! —

Aber (mit einem finstern Blick auf Malchen) die Unterhaltung war auch darnach (zu Läufl neugierig). Na wird's voll?

Läufl. Und wie? Die Leute stehen im Foyer wie die Häringe an einander gepreßt! Wir brauchten heut wieder elastische Logen und noch einmal so viele Sperr- und Stehsitze! Natürlich! Ein neues Stück die Leute haben erfahren, daß es gut sein soll!

Wirrmann (erfreut). So? so? — gut soll's sein! Aber — (sich wie der besinnend) ich kümmere mich um das Stück — das soll in Gottes Namen der Teufel holen, wenn nur hier (wendet sich gegen Malchen).

Läufl (drängend). Aber so kommen Sie doch! Sie riskiren Ihren Dienst wenn Sie nicht gleich —

Wirrmann. Ja, ja, ich komme sogleich! (Gehen Sie nur, — gehen Sie nur!

Läufl. Gehen?! Als ob ein Theaterdiener jemals Zeit hätte zu gehen?! Ich laß mir noch ein paar Stiefeln mit Flügeln machen. (Läuft ab.)

Rosa (leise zu Malchen). Gott sei Dank! jetzt muß er fort!

Wirrmann (zwischen Malchen und Rosa tretend heftig). Was gibts da wieder zu wispeln? Neue Pläne, neue Heimlichkeiten!

Malchen. Vater! höre mich!

Wirrmann. Jetzt ist keine Zeit mehr das Verhör fortzusetzen! Leider bin ich nicht allein Vater, sondern auch Billeteur. Die Pflicht ruft! — Aber wenn ich nach Hause komme, — doch (überlegend) bis dahin? ha, sie könnte doch fort — (laut) Herr Stecherl!

Stecherl hat (fortwährend lüsterne Blicke auf Rosa geworfen und hört ihn nicht).

Wirrmann (ihn rüttelnd). Herr Stecherl! was haben Sie denn?

Stecherl. Sie ist aber sehr, aber schon sehr sauber!

Wirrmann. Hören Sie mich an! Sie müssen mir noch einen Freundschaftsdienst erweisen.

Stecherl. Was denn?

Wirrmann. Bleiben Sie hier, bis ich nach Haus komm'! Weder meine Tochter, noch das holde Fräulein da, dürfen bis dahin das Zimmer verlassen! Wollen Sie das?

Stecherl. Ich - Garde de dame bei diesen beiden Damen? Mit Wonne!

Malchen (erschreckt). Vater!

Rosa. Was? — ich hier förmlich gefangen — Herr! Sie verletzen die Rechte einer freien constitutionellen Staatsbürgerin!

Wirrmann. Ich werd's verantworten! Ich hab Sie dabei ertappt, wie Sie aus meiner Wohnung etwas ausführen (stehlen) wollten meine Tochter nemlich — deßhalb versichre ich mich Ihrer Person, bis zur förmlichen Untersuchung.

Rosa. Ich lege Protest ein!

Malchen (leise zu Rosa.) Du wirst mich doch nicht verlassen? jetzt?

Rosa. Sei ruhig! Ich füge mich aber Protest kann man immer einlegen — nützt es nichts, so schadet's nicht's!

Wirrmann. Also es bleibt dabei! Stecherl! Sie haften mir.

Stecherl. Mit meinem Kopf, und ich hab nur den einzigen.

Wirrmann. Und du — (zu Malchen wieder mit innerer Beklommenheit) Du weißt, daß es sich heut noch bei mir um Wichtiges handelt! Wenn Du Deine Verirrung halbwegs gut machen willst, so geh indeß in Dich — bereue und bete für mich)! So — und jetzt fort! Es wird vielleicht heiß hergehen — aber —

Komme, was da kommen mag,
Die Stunde rennt auch durch den
rauhsten Tag.
(eilt, sich den Hut in die Stirne drückend, durch die Mittelthüre ab).

Malchen (leise zu Rosa). Um Gotteswillen! was jetzt beginnen?

Rosa (leise). Auf jeden Fall mußt Du fort!

Malchen (leise). Freilich! Freilich! — sonst hätt' ich's für immer verdorben! — Aber wie diesem Hüter (auf Stecherl weisend) entkommen?

Rosa (leise). Laß nur mich machen, und halte Du Dich bereit, sobald der günstige Augenblick erscheint — dann nur schnell in den Wagen!

Stecherl (für sich). Wenn mein verwundetes Herz durch ein Pflaster curirt werden kann, so wäre die da (auf Rosa zeigend) das rechte Diaculum. Und sie scheint eben nicht mit dem Laster allzugroßer Sprödigkeit behaftet! Wenn ich's probirte, von meiner gegenwärtigen Stellung zu profitiren. —

Rosa (hat sich auf dem neben dem Schreibtische stehenden Stuhl niedergelassen, nimmt ihre Lorgnette zur Hand, und sieht durch dieselbe auf Stecherl, lächelnd) Also Sie mein Herr, sind unser Kerkermeister?

Stecherl für sich). Jetzt nur recht galant! (eine graciöse Stellung annehmend, und sich Rosa nähernd, laut) O! mein Fräulein! — Machen Sie sich nichts draus. Eingesperrt waren schon die schönsten Leut', und — es gibt auch gefühlvolle Kerkermeister! Besonders, wenn man, wie ich, zum ersten Mal dieses Amt verwaltet, ist man noch nicht so abgestumpft!

Rosa (etwas coquett). Sie? Zum erstenmal? Das sollte man kaum glauben! — Sie sehen eher darnach aus, als ob Sie gewohnt wären Damen in Fesseln zu schlagen!

Stecherl (Ungeheuer geschmeichelt) Oh, oh — bitte — allzugütig! Aber jedenfalls wären es nur Rosenfesseln, die ich um so zarte Händchen legen würde (ergreift Rosa's Hand, wie elektrisirt für sich) O Gott! das ist ein Patscherl (Händchen)! Sammt mit

Flaumen gefüttert! (laut verzückt) O
Fräulein! (küßt ihre Hand wiederholt).
Rosa (ihm ihre Hand entziehend,
mit einem Blicke auf Malchen, leise zu
ihm). Mein Herr! Wir sind nicht allein!
Stecherl (ebenfalls auf Malchen
blickend, leise zu Rosa). Ja so, regardez
les domestiques! (laut zu Malchen)
Fräulein Mali! Ich weiß, mein Anblick ist Ihnen zuwider! Ich erlaube
Ihnen, auch wo anders hinzusehen!
Malchen. Ich warte hiezu nicht
erst Ihre Erlaubniß ab! (setzt sich, den
Rücken gegen Rosa und Stecherl ge-
kehrt, an das Nähtischchen und nimmt
scheinbar ihre Arbeit vor.)
Rosa (ist indeß an das in der rechten Seitenwand befindliche Fenster getreten, für sich). Ich muß mir die
Festungswerke genau anschauen, um
zu sehen, in wie weit ein Fluchtversuch
möglich ist!
Stecherl (wendet sich wieder gegen
den Schreibtisch). Wo ist sie denn? —
(erblickt Rosa, die ihm den Rücken zu-
kehrend, am Fenster steht). Ah dort!
Sie scheint mich zu berücksichtigen.
(sie lüstern betrachtend) Gott! dieses
Köpferl, dieses Fußerl! — dieses ganze
Wuchserl! In der Mitte rein zum Um-
spannen, und die Schultern so rund!
(tritt zu Rosa.) Meine schöne Gefan-
gene! Darf ich fragen, was Ihre Auf-
merksamkeit so fesselt?
Rosa (hinaus sehend). Wer sind
denn die Leute da drüben über'm Hof?
Stecherl (ebenfalls hinaussehend).
Ah, — das sind die Arbeiter aus der
Maschinenfabrik, die jetzt Feierabend
gemacht haben — jetzt stehen sie vor
der Werkstatt und plauschen mit den
Dienstmädeln des Hauses!
Rosa (für sich). Jetzt hab ich's.
(laut zu Stecherl.) Da hat wohl jedes
von den Mädeln seinen Liebsten unter
den Burschen?
Stecherl. Ja, das geht schon nicht
anders! (zärtlich.) Alles liebt und paart

sich wieder! — Und — die Gelegenheit macht Diebe — und (will Rosa
auf die Schulter küssen.)
Rosa (ihm mit einem strengen Blick
messend). Mein Herr!
Stecherl. Pardon! — Ich bin ein
ritterlicher Festungs-Commandant, der
gegen Damen galant bleibt, auch wenn
sie gefangen sind.
Rosa (wieder vom Fenster wegtre-
tend). Wenn sie wirklich galant wären,
so würden Sie daran denken, daß jetzt
die Zeit ist, eine Jause einzunehmen,
und da wir wahrscheinlich nicht in
einem ugolinischen Hungerthurm sind
Stecherl (etwas verlegen). Eine
Jause? — (für sich.) O je, die hält
etwas auf eine gute Jause! (laut.) Ja
ich möchte mit Vergnügen - - aber da
ich als Wache mich doch nicht von
meinem Posten entfernen darf — so —
Rosa. Dem ist leicht abgeholfen! —
Rufen Sie eines von den Dienstmädeln
herein, die wird wohl gegen ein kleines
Douceur bereit sein, etwas zu holen!
Stecherl (für sich). Sie läßt nicht
nach (laut) Ja, das schon — aber —
Rosa. Also schnell, schnell, mein
(spöttisch) ritterlicher Festungs-Commandant!
Stecherl (für sich). 's nützt nichts!
Ich muß schon meine Ritterlichkeit durch
ein paar g'selchte Würsteln dokumen-
tiren! (geht zum Fenster und ruft hinaus.) He! Lisi! Lisi! kommen Sie einen Augenblick! (zu Rosa) Sie kommt
schon! (etwas besorgt.) Ich bedaure
nur, es ist hier in der Nähe nichts
Rechtes zu haben und ich weiß nicht,
auf was Sie grad Appetit hätten. —
Rosa. Ich werde schon angeben,
was gebracht werden soll!

Zehnte Scene.

Vorige. Lisi.

Lisi (kommt durch die Mitte herein).
Was schaffen's denn (Was befehlen
Sie)?

2

Rosa (zu Lisi). Kommen Sie nur her, liebes Kind! Und Du Mali auch!

Malchen (tritt zu Rosa, leise). Was hast Du denn vor?

Rosa (laut). Wir wollen nur mit einander den Speiszettel machen! (spricht leise mit Malchen und Lisi fort).

Stecherl (für sich). Speiszettel! — Mir vergeht aller Appetit. — Wer weiß, was die anschafft! — Solche Damen sind meistens Leckermäuler! — Leichtsinniger Bursche, der ich bin! — Ich stürz' mich da in ein Verhältniß, das mich ruinirt!

Lisi (schlägt erfreut die Hände zusammen). Ah, das ist ja prächtig!

Stecherl (für sich). Prächtig! — Mir wird nicht gut! — Wenn die nur so fort anschafft, darf ich morgen meine Firma protokolliren lassen!

Rosa (zieht ihr Portemonaie heraus und gibt Lisi eine Banknote, leise zu ihr). Was übrig bleibt, gehört Ihnen. —

Stecherl (hat es bemerkt, aufathmend). Ah! Sie zahlt! Sie hält mich aus (sie soutenirt mich!) Mir fällt eine ganze Sacher'sche Rechnung vom Herzen!

Lisi (zu Rosa). Ich laufe! Ich fliege! In zwei Minuten soll Alles da sein! Das Wirthshaus ist ja im Hause! (eilt rasch ab.)

Stecherl (zu Rosa). Fräulein! Ich habe bemerkt, Sie zahlen Ihre Alimentation aber so war's nicht gemeint — ich hätte mich glücklich geschätzt ach, es ist mir wirklich unlieb, daß Sie sich da in Unkosten setzen. —

Rosa. Was liegt d'ran? Man muß sich seine Gefangenschaft so erträglich als möglich machen. Ich habe für eine kleine Unterhaltung gesorgt, und ich hoffe, Sie werden mir das Vergnügen machen, mein Gast zu sein!

Stecherl. O bitte bitte - Ehre (für sich). Das ist eine noble Person!

Das Verhältniß muß ich cultiviren! — Es ist so billig!

Eilfte Scene.

Vorige. Lisi. Zwei Kellnerjungen.

Lisi (kommt durch die Mitte herein). So, da sind derweil wir!

Zwei Kellnerjungen (folgen ihr, der eine trägt zwei große blecherne Bierkannen, der andere auf einer großen Tasse einen mächtigen Haufen Frankfurter Würste und Brot).

Stecherl (sich umsehend und die Kellnerjungen erblickend). Herr Gott die Bierpitschen — und dieses Embarras von Frankfurtern! (zu Rosa) Na, Fräulein! Gott segne Ihren Appetit!

Rosa (lachend). Meinen Appetit? ha, ha, ha! Sie glauben doch nicht — Nein! damit uns der Abend recht lustig vergeht, hab ich und meine Freundin (auf Malchen deutend) beschlossen, den Arbeitsleuten und Dienstmädeln vom Hause eine kleine Hausunterhaltung mit Tanz zu geben!

Zwölfte Scene.

Vorige. Fabrik-Arbeiter. Dienstmädchen. — Ein Werkelmann. (Orgelmann.)

Fabrikarbeiter, Dienstmädchen (alle noch in ihrem Arbeitsanzuge, kommen jubelnd durch die Mitte herein, die Mützen schwenkend) Juhe! die Gutthäterin soll leben! Vivat!

Ein Mann (mit einer Drehorgel folgt ihnen).

Rosa. Ah da sind unsere Gäste schon! (zu den Leuten). Grüß Gott, Liebe Leut!

Stecherl. Was! alle Arbeiter, — alle Köchinnen — und ein Werkelmann auch?

Rosa. Wer gern tanzt, dem ist leicht aufgespielt. (leise zu Stecherl.) Sie glauben gar nicht was mir so ein „Fest der Handwerker" für Spaß macht! (zu den Leuten.) Also nur schnell die Tische und Stühle bei Seite geräumt.

Die Arbeiter. Ah, das ist gleich geschehen (tragen die beiden Tische in die Seitenzimmer rechts und links).

Rosa (leise zu Lisi). Sie haben doch Alles verabredet?

Lisi (nickt zustimmend, leise). Ja, mein Conrad weiß schon! (sie trägt den Stuhl, worauf das Seidenkleid liegt, schnell bis zur Mittelthür, und stellt ihn dicht neben dieselbe, dann zum Werkelmann.) Sie Orchester stellen sich daher! (postirt den Werkelmann gerade vor den Stuhl mit dem Kleide.)

Stecherl (zu Rosa) Aber, Musik — Tanz — nein! das kann ich doch nicht bewilligen!

Rosa (koquett) Nicht? und wenn ich diesen Hausball mit Ihnen eröffnen will, werden Sie mir nicht Ihre Hand bieten?

Stecherl (hingerissen) Ihre — Ihre Hand — mit Ihnen tanzen? Nein

hol mich der Teufel! Ich kann Ihnen nichts abschlagen! (faßt ihre Hand). Also losgelegt!

Der Werkelmann (beginnt seine Orgel zu drehen).

Die Arbeiter und Dienstmädchen (beginnen laut jubelnd zu tanzen).

Rosa (tanzt eine Tour mit Stecherl).

Malchen (hat sich bereits früher der Thüre genähert, ergreift nun hastig das Kleid und eilt fort).

Rosa (dies bemerkend, läßt Stecherl mitten unter dem Tanze los und eilt Malchen nach)).

Ein Arbeiter (packt Stecherl, sogleich um die Mitte und dreht sich rasch mit ihm im Tanz herum).

Stecherl (schreiend). Was soll das? — meine Tänzerin! — Auslassen! — Auslassen! —

(Während der Tanz wirbelnd fortgesetzt wird, und Stecherl sich vergeblich bemüht loszukommen, fällt der Vorhang.)

Zweiter Akt.

(Foyer von der ersten Gallerie des Theaters. In der Mitte der gegen das Publikum zu sich rundenden Hinterwand führen einige Stufen zu einer breiten Thür, über welcher eine Tafel mit der Aufschrift: „1. Gallerie" angebracht, neben den Stufen steht auf der rechten Seite ein Stuhl, auf der linken ein langer Budentisch, hinter welchem in der Mauer eine mit Stellagen versehene Nische sich befindet, über Letztere eine Tafel mit der Aufschrift: „Garderobe". Die Stellagen sind mit Kleidungsstücken vollgestopft, rechts und links im Hintergrund sind Gänge mit den Aufschriften: „Zugänge zu den Logen", mehr gegen den Vordergrund zu, ebenfalls zu beiden Seiten Stiegen-Aufgänge. Ganz im Vordergrund rechts eine Glasthür mit der Aufschrift: „Conditorei", vor derselben kleine Tischchen und Stühle.

Erste Scene.

Stürmer, Frau Margareth, Platzer.

Stürmer (in der Theaterfeldwebelsuniform geht mißmuthig vor der Galleriethür auf und ab, sein Säbel lehnt abgeschnallt, an dem neben der Galleriethür stehenden Sessel, auf welchem auch sein dreieckiger Hut mit langem Federbusche liegt).

Frau Margareth (steht hinter dem Budentische der Garderobe.)

Platzer (kömmt eben vergnügt vom Logenzugange links her.) Gut geht's! sie werden schon warm! — gut geht's! sehr gut!

Stürmer. Na ja, Herr Logenmeister! es wär' Alles recht, wenn nur ich einmal von da wegkönnte.

Platzer. Ist denn der Wirrmann noch nicht da?

Stürmer Weiß der Teufel, wo der heute steckt! Muß ich – der Theaterfeldwebel heute provisorisch Billeteur-Dienste leisten! Ich — die bewaffnete Macht des Hauses!

Frau Margareth. Ich muß Ihnen sagen, der Herr Wirrmann kommt mir schon seit einiger Zeit so curios vor — es ist grad, als ob's da (auf die Stirn weisend) nicht mehr recht richtig mit ihm wär.

Stürmer. Pah! Haben alle keine Disciplin – die Leute vom Civil! — da bin ich ganz anders, bei mir heißt's immer schon eine halbe Stunde früher ausgerückt!

Platzer. Na ja, Sie können freilich die Theaterzeit nicht erwarten, weils außer der Ihr Soldaten-Imitations-Gwandel (Kleid) nicht anziehen dürfen.

Zweite Scene.

Vorige — Wirrmann.

Wirrmann (kömmt ganz außer Athem die Stiege links herauf). Ah — da bin ich.

Stürmer. Gott sei Dank! Ab g'löst! Wo sind meine Waffen? (schnallt schnell den Säbel um, und setzt den dreieckigen Hut auf.) So — jetzt bin ich wieder Armee! (geht gravitätisch über die Stiege links ab.)

Platzer (zu Wirrmann). Aber um's Himmelswillen! wo stecken Sie denn heut?

Wirrmann (während er seinen Hut auf den Stuhl legt, und ein Käppchen aufsetzt.) Ach — ein Wunder, daß ich noch in der Haut steck' — ich hab schon Lust g'habt, heraus zufahren — 's Wetter war darnach! und dann hab ich auch nicht so schnell gehen können — (seufzend) ich hab' zu schwer zu tragen!

Platzer. Schwer zu tragen? Ich seh' doch nichts!

Wirrmann. Das ist's eben! Wissen Sie, welche Dinge gerade dann am schwersten zu tragen sind, wenn sie leer sind?

Platzer. Nein! Welche denn?

Wirrmann. Ein Herz, und ein Geldbeutel, wenn die zwei leer sind, dann drucken sie uns am meisten zu Boden! (man hört durch die Galerie-Thür heraus lebhaft applaudiren).

Wirrman (aufhorchend) Was ist das? — Mir scheint ja gar — sie applaudiren?

Platzer. O das geht heut schon so in Einem fort seit dem Anfang —

Wirrmann (aufgeregt), Also g'fallt's? — g'fallt's? (der Applaus wiederholt sich noch stärker),

Wirrmann. Schon wieder? (fällt Platzer um den Hals). O Logenmei-

ster! Logenmeister! rennt auf und nieder.)

Platzer (sieht ihn ganz erstaunt an). Was haben Sie denn? (sieht auf Frau Margareth.)

Frau Margareth (leise zu Platzer.) Was hab' ich g'sagt? (deutet auf die Stirne.)

Platzer. (zu Wirrmann). Aber Herr Wirrmann! Wie kommen Sie mir denn vor!

Wirrmann. Ich? (sich besinnend.) Na — wissen Sie - die gute Aufnahme freut mich so! — Ich — ich nehme großen Antheil an dem Schicksal der Direction! — Aber ich muß mir doch das liebe gute Publikum ein Bischen anschaun — nur einen Blick will ich hineinwerfen — (geht die Stufen zur Galleriethür hinan, und will letztere öffnen.)

Dritte Scene.

Vorige — Sekretär Wall.

Wall kommt beim Logengange rechts, Wirrmann erblickend). Herr Wirrmann!

Wirrmann (für sich.) O je — der Theater-Secretär! (wieder herabkommend) Befehlen?

Wall. Was sah ich da? Sie wollten auf die Gallerie? — Kennen Sie den Befehl der Direction nicht, daß die Billeteurs heraußen an der Thür zu bleiben, und sich nie unter das Publikum zu stellen haben?

Wirrman (seufzend). Ja, ich kenne diesen Ukas der Direction!

Wall. Also handeln Sie darnach! — Der Herr Director hat mich noch besonders beauftragt, gerade Sie heute streng zu überwachen! Also sein Sie auf Ihrer Hut!

Wirrmann. Ja — ja ich werde alle Ukäse befolgen! (für sich.) Ist ein Tyrann, der Director! — Von der Vorstellung soll ich nichts sehen, und zu einer Prob zu kommen hat er mir auch verboten! Na — in Gottesnamen! heut heißt's noch tuschen! (setzt sich auf den Stuhl, und verschränkt die Arme und Beine).

Vierte Scene.

Vorige. — Nelkenduft.

Nelkenduft (kömmt heftig aufgeregt vom Logengange links, sieht Wall, und eilt sogleich auf ihn zu.) Ah — gut, daß ich Sie sehe! Sagen Sie mir, wie konnte Ihnen nur einfallen, so ein Stück zur Aufführung zu bringen — so ein Stück!

Wall. Nun — bis jetzt scheint es doch sehr anzusprechen!

Nelkenduft. Verdorbener Geschmack des Publikums! — Ha! es kann nicht anders sein, wenn man solche Machwerke aufführt und meine Stücke liegen läßt. Sagen Sie mir von wem ist denn das Zeug?

Wall. Ich kann Ihnen aus dem Grunde nicht dienen, weil ich's selbst nicht weiß. —

Nelkenduft. Das heißt: Sie wollen es nicht wissen!

Wall. Nein — mein Ehrenwort darauf! — Niemand vom ganzen Personale weiß es, und der Direktor selbst behauptet, es nicht zu wissen — er sagt, das Manuskript sei ihm anonym eingesandt worden.

Nelkenduft. Anonym? — Aha! der Schmierer traut sich nicht einmal mit seinem Namen heraus! — Hat Recht! 's ist eine wahre Schande, solchen Unsinn auf's Papier gebracht zu haben! — Aber solche Leute bringen's dahin, ihre Mißgeburt auf's Theater zu bringen, und das wahre Genie (mit Bezug auf sich selbst) zu verdrängen! — Nun — ich geh' doch wieder in meine Loge, bloß um zu lernen, wie man ein Stück nicht schreiben soll! Der heutige Abend bringt mich wieder um ein Jahr

meines Lebens — die Galle reibt mich auf! — Schund! Pfuschwerk! Dummes Zeug! — Elender Schmarrn! (geht wüthend wieder in den Logengang ab.)

Wall (ihn lächelnd ansehend). Ja, so lautet immer das Urtheil derer, von welchen Stücke zurückgewiesen werden! Der ungerechteste und strengste Richter ist immer die Talentlosigkeit! (geht in den Logengang rechts ab.)

Wirrmann (wieder aufstehend). Ja — jetzt glaub' ich's schon selber, daß das Stück wirklich gut ist!

Platzer. Warum jetzt?

Wirrmann. Weil der Narr, der Herr von Nelkenduft, so darüber geschimpft hat! Aber (gegen die Gallerie horchend) was ist denn das? Sie applaudiren ja gar nicht mehr? (eilt wieder die Stufen zur Galleriethür hinan, und legt sein Ohr an dieselbe).

Platzer (warnend). Herr Wirrmann! Der Befehl —

Wirrmann. Da kann doch Niemand was sagen! der Direktor hat befohlen, und ich — hab gehorcht! (wieder horchend.) Still! Still! Aha — das ist die große Erklärung!

Platzer. Aber woher wissen denn Sie?

Wirrmann. Ich? — Ich hab ja das Stück copirt! (wieder horchend). Pst! pst! Aha — deßwegen ist Alles so mäuschenstill — das Publikum ist gespannt, weil es noch gar nichts spannt! — aber jetzt — geben's Acht! — jetzt kommt die Ueberraschung der 1. Akt muß gleich aus sein! — Ha! (stürmischer Applaus vom Theater her. in welchem man die Orchester Musik von rückwärts einfallen hört).

Wirrmann (eilt die Stufen so hastig herab, daß er beinahe fällt).

Platzer (fängt ihn noch rechtzeitig auf). Was haben Sie denn schon wieder?

Wirrmann (außer sich vor Freude) — Ha! — Der Vorhang ist gefallen,

der Akt hat gefallen, und ich, ich wär'
bald gefallen! (da der Applaus fortwährt, selbst mit applaudirend) Bravo!
Bravo!

Platzer. Aber was treiben Sie
denn? (gegen die Logengänge sehend)
Es kommen Leute heraus.

Wirrmann. Alles Eins! – man
muß die gute Sache unterstützen!
(applaudirt wieder). Bravo! bravis-
simo!

Fünfte Scene.

Vorige — von allen Seiten, sowohl
aus den Logengängen, als auch aus
der Galleriethür und von den Stiegen
herab kommen Theaterbesucher verschie-
dener Stände, jedoch durchaus Männer,
darunter Bullmann, Brander,
Tannenhain, Parkmann, Lauberg, Gähmann, Klopf, Schürer, Leute (welche aus der Galleriethür herauskommen, durcheinand sprechend). Famos! — Charmant! Sehr
gut!

Bullmann) ebenfalls von der
Brander) Gallerie kommend.

Bullmann. Das ist wieder einmal ein Stück! — Da sieht man doch
sein Geld heraus!

Wirrmann (ganz eigenthümlich
belebt, in freudiger Aufregung sich zwischen den Leuten herumtreibend, und
auf jede Aeußerung horchend, zu Bullmann). Also gut? – hat's Ihnen gefallen?

Bullmann. Ja, ich hätte mich
recht gut unterhalten, — aber

Wirrmann (gespannt). Aber? —
haben Sie etwas auszusetzen?

Bullmann. Nein, aber — wenn
man nur auf der ersten Gallerie Bier
bekäme!

Brander. Ja — bei der Hitz! gehen wir geschwind auf ein Seitel in die
Schänk hinunter! (mit Bullmann über
die Stiege ab.)

Gähmann (ebenfalls aus der Galleriethür).

Wirrmann (ihn erblickend). Ah —
Einer von unsern täglichen Gästen!
(ihm entgegen gehend.) Nun, Herr
von Gähmann! wie sind Sie zufrieden?

Gähmann (verstimmt). Ach! laß
mich aus!

Wirrmann (erschreckt). Was?! —
Nicht gefallen?

Gähmann. Na ja — grad das,
daß es so gefällt, ist zuwider — jetzt
geht das Stück wieder zwanzig Mal
nach einander — und ich bin gewohnt
alle Tag in das Theater zu gehen! —
Zwanzig Mal das nämliche Stück!
das hält der Teufel aus! (geht in die
Conditorei!.)

Wirrmann. Na, wir werden schon
schauen, daß wir bald wieder ein Stück
aufführen, welches nur Einmal hinter-
einander geht!

Herr v. Tannenhain (sehr elegant gekleidet, kommt vom Logengange
rechts).

Buchmann und Lauberg (eben-
falls auf das modernste gekleidet, kommen vom Logengange links).

Parkmann. Ah, Servus Tannenhain! — was sagst Du zu der Komödie?

Tannenhain (mit dem Ausdrucke
der Blasirtheit). Wegen eines Stückes
geh ich nicht in's Theater — 's ist nur,
daß man sich sehen läßt!

Wirrmann (der sich wieder den
Sprechenden genähert hat, für sich).
Der will sich sehen lassen? Möchte
wissen, wer ein Entrée dafür zahlte?

Parkmann. Es ging an, aber zu
wenig Spaß - - zu wenig Paprika!

Wirrmann (für sich). Ja — ist
denn ein Schauspiel eine Portion Gol-
lasch?

Lauberg. Und dann wächst sich's
schon wieder auf eine Moral hinaus!
Wie fad!

Parkmann. Ja, uns belehren wollen, als Bub' hätt ich meinen Hof-

meister, den doch der Papa gezahlt hat, lieber über die Stiege hinabgeworfen — und jetzt soll ich meine Loge dafür zahlen, um eine Section zu bekommen! es ist zu dumm!

Lauberg. Kommt! fahren wir lieber zum goldenen Bären, dort sind heute Natursängerinnen die singen urwüchsige „Vierzeilige" — zum Krachlachen! (zu Tannenhain). Bist Du dabei?

Tannenhain. Nein es ist die Collini drüben in der Loge, der muß ich mein Compliment sagen über den magniperben Cancan, den sie gestern im Ballet getanzt hat! (geht in den Logengang links ab).

Lauberg. Nun so leb wohl! (mit Barkmann über die Stiege ab.)

Wirrmann (zu Platzer). Mir scheint für die Herren sollte man den Cancan dialogisiren, dann würde ihnen erst ein Stück gefallen!

Platzer. Pst! pst! — das ist die sogenannte jeunesse dorée!

Wirrmann. Jeunesse dorée — heißt: vergoldete Jugend! — Die Herren schauen aber eher darnach aus, als ob sie ihre Jugend zu früh versilbert hätten.

Klopf und Schürer (kommen von der Stiege herab.)

Klopf (ganz allarmirt). Wie neugierig ich auf den Ausgang bin, das kann ich gar nicht sagen!

Schürer. Du wirst sehen; am Schluß heirathen sie!

Klopf. Das ist noch nicht ausgemacht, sag ich Dir! (mit Wichtigkeit.) Ich sag Dir, es ist noch nicht ausgemacht!

Schürer. Aber sei gescheidt! Wenn sie nicht heiratheten wär's ja ein Trauerspiel!

Klopf. Na — ich weiß es nicht! — Der Alte ist ein Viehkerl! — Ueber

den hab ich Dir eine Wuth, daß ich ihm schon bald meinen Hausschlüssel an den Schädel geworfen hätte!

Wirrmann (der wieder zu diesen getreten, erschreckt). Na, sein Sie so gut! Es ist ja seine Roll' und er als Schauspieler

Klopf. Nur bei schlechten Comödien denk ich dran, daß die Leute auf der Bühne Comödianten sind, bei einem guten Stück vergeß ich drauf — und so geht's mir heut.

Schürer (zu Klopf). Aber Du wir haben ja im Zwischen-Act einen Pfiff Wein trinken wollen!

Klopf. Nein! gehen wir lieber wieder hinauf auf die vierte Gallerie — es könnte wieder angehen, und es wär bei so einem Stück Schad um jedes Wort, welches daneben ging!

Wirrmann (gerührt, Klopf's Hand fassend). Edler Olympbesucher! darf ich nicht fragen, mit wem ich das besondere Vergnügen habe?

Klopf (ihn erstaunt ansehend). Ich ich bin ein Schlossergesell' — (man hört von der Bühne her wieder Musik).

Klopf (fast erschreckt, zu Schürer). Hörst! — es geht schon wieder los! — Geschwind hinauf! hinauf! (eilt in mächtigen Sätzen die Stiege hinan.)

Wirrmann (ihm nachrufend) Wenn Sie sich fotografiren lassen, bitt ich um einen Abdruck!

Platzer (zu Wirrmann). Wer war denn der Bursch?

Wirrmann. Ein Schlossergeselle!

Platzer. Und mit dem haben Sie so lang discurirt?

Wirrmann. Ja er ist wohl ein Stück eiserne Jugend — aber er hat gescheidter gesprochen, als früher die vergoldete! (horchend) Aber still, der zweite Act hat angefangen! (geht wieder gegen die Galleriethür; die übrigen Theaterbesucher sind indeß wieder auf ihre Plätze zurückgekehrt.)

Sechste Scene.

Wirrmann — Platzer — Frau Margareth Baron Stromfeld Baron Rennberg, Herr von Hellhaus.

Stromfeld -- Rennberg kommen vom Logengange rechts).

Stromfeld (zu Rennberg, ganz begeistert). Nun hab ich Dir zu viel gesagt? Ist es nicht ein Engel -- ein Geschöpf aus Lichtstrahl und Aether gewoben?

Rennberg. Nun ja — ich will Dein Entzücken durch keinen Widerspruch schmälern —

Stromfeld (fast verletzt). Du widersprichst nur nicht? — Ah! Du hast Froschblut in Deinen Adern Mangel an jedem Schönheitssinn, doch (gegen den Logengang links sehend) Dort kömmt Hellhaus aus seiner Loge — der ist ein Kenner er soll urtheilen —

Hellhaus (kömmt vom Logengange links.)

Stromfeld (ihm entgegengehend) Nun, Eugen, was sagst Du von der neuen Schauspielerin, Fräulein Lindwall, —

Hellhaus. Sie ist entzückend reizend!

Stromfeld (zu Rennberg). Nun -- da hörst Du — da hörst Du —

Hellhaus. Und, was ihr Spiel betrifft, sollte man nicht glauben, daß sie heute zum ersten Male eine Bühne betrat — wenn nicht ihre Jugend dieß bezeugte! Ich bin wahrhaftig ganz verliebt in sie!

Stromfeld (plötzlich ernst). Was sagst Du? — Verliebt Du?! Das wäre ein Unglück! —

Hellhaus. Ein Unglück? — wie so?

Stromfeld. Weil es uns Beide aus Freunden zu Feinden machen würde — denn ich — ich habe sie bereits außer der Bühne kennen gelernt, ich bin nicht in sie verliebt, sondern ich liebe sie — ich athme nur für sie.

Hellhaus. Genug — genug! doch die Hauptsache: — erwiedert sie Deine Gefühle?

Stromfeld. Ich hoffe, dieß zu erreichen!

Hellhaus. Ah! — dann ziehe ich die Flagge der Liebe ein, denn die der Freundschaft soll durch sie nicht verdrängt werden! (drückt Stromfelds Hand).

Stromfeld (zu Beiden). Wollt Ihr Beide mir jetzt - in dieser Stunde noch einen Beweis Eurer Freundschaft geben.

Hellhaus. } Befiehl über uns!
Rennberg. }

Stromfeld. (Beider Hände fassend, und sie näher zu sich ziehend). Ich weiß, daß sie -- die Lindwall — am Schlusse dieses Aktes die effektvollste Scene hat — wollt Ihr mir da zu einer galanten Demonstration behilflich sein?

Hellhaus. Ah! Du beabsichtigst wohl, ihr Bouquets oder Kränze zuzuwerfen?

Stromfeld. Ja — ja! Der Blume — Blumen!

Rennberg. Recht gern! — Unsere Loge ist am Proscenium und da macht es mir selbst Spaß!

Hellhaus. Wenn man das nur früher gewußt hätte - aber jetzt —

Stromfeld. Läßt sich noch Alles bewerkstelligen geht nur indeß in Eure Logen zurück — in zehn Minuten sollt Ihr mit der duftenden Munition versehen sein!

Hellhaus. } (gehen wieder nach)
Rennberg. } rechts und links in die Logengänge ab)

Stromfeld (sieht sich um, zu Platzer und Wirrmann, welche indeß an der Galleriethüre gestanden) Kommen Sie doch auf ein Wort!

Platzer. Befehlen Herr Baron! (tritt mit Wirrmann näher.)

Stromfeld. Es ist doch eine Blumenhandlung in der Nähe?

Platzer. Aufzuwarten – gleich nebenan!

Stromfeld. Senden Sie sogleich hinüber! Was an Kränzen und Bouquets vorräthig ist, soll man Ihnen sogleich schicken — die Hälfte davon geben Sie dann in die Loge des Herrn von Hellhaus — die andere Hälfte in die meinige —

Platzer. Aha! verstehe — verstehe! Wünschen der Herr Baron vielleicht auch einen kleinen Blumenregen von der Gallerie herab — ich kann wohl dressirte Leute aufstellen! So was kömmt ja öfters vor —

Wirrmann. Ja, die Tänzerin, die voriges Monat hier gastirt hat, hat auch Alles durch u n s besorgen lassen!

Stromfeld. Sie selber? ha ha ha! — Nun heute soll es auf meine Rechnung geschehen! (zieht aus seiner Brieftasche eine Banknote hervor) Sparen Sie kein Geld — (gibt Platzer die Banknote).

Platzer. Aber ich weiß noch nicht, wem die Auszeichnung gelten soll?

Stromfeld. Wem anders, als dem Stern, welcher am Horizonte der Bühnenwelt heute zum ersten Male aufgetaucht ist — der himmlischen Lindwall —.

Platzer. Ach! sehr wohl — werd' Alles pünktlich besorgen, — (geht mit Wirrmann gegen den Hintergrund zu, die Banknote entfaltend, leise zu Wirrmann) Hundert Gulden!

Wirrmann (leise zu Platzer). Aber sagen Sie mir nur, wer ist denn der überspannte Herr?

Platzer (leise, Wirrmann ins Ohr) Das ist einer der nobelsten Cavaliere — der Baron Stromfeld (eilt ab).

Wirrmann (plötzlich wie vom Donner gerührt, laut aufschreiend) Stromfeld!

Stromfeld (sich überrascht umsehend) Wer ruft hier meinen Namen?

Wirrmann (verwirrt) Ich — ich — entschuldigen Herr Baron! der Logenmeister hat mir gerad' Ihren verehrten Namen genannt, und da da —

Stromfeld. Nun — und warum setzte Sie dieser Name in Erstaunen?

Wirrmann. Ich — verzeihen Sie — mir war, als ob ich den Namen schon von Jemanden hätt nennen gehört — (mit schwer unterdrücktem Zorn) von Jemanden, dem d e r Baron Stromfeld — (rasch hinzufügend) denn es ist gewiß ein ganz anderer, als Sie — nicht hätt unter die Augen kommen dürfen —.

Stromfeld (verletzt). Von wem sprechen Sie da? — So viel ich weiß, bin ich hier der Einzige dieses Namens.

Wirrmann. Nein nein! — Es muß noch ein andrer existiren! — Denn Sie Herr Baron! Sie belieben — so viel ich wenigstens entnehmen kann — für eine Schauspielerin von dem Theater zu schwärmen — wollen durch zarte Aufmerksamkeiten ihr Herz gewinnen —

Stromfeld. Nun — und wenn dieß mein Streben ist?

Wirrmann (rasch). So kann kein Mensch was dagegen haben! Aber Sie würden es gewiß selber schändlich finden, wenn derselbe Herr, der eine Schauspielerin so fetirt, zugleich ein anderes armes bisher gänzlich unbescholtenes Mädel in sein Garn zu locken suchte.

Stromfeld. Gewiß — das wäre erbärmlich — ich möchte sagen, ehr l o s gehandelt!

Wirrmann (haftig). Sie sagen das selber? Also — ich setze nur den Fall — nehmen wir an — Sie — Sie hätten vielleicht früher einmal einen Gedanken an so ein armes Mädel gehabt — hätten sich vielleicht ihr zu nähern gesucht — ich sag' nur, wenn das der Fall gewesen wäre — so würden Sie doch jetzt — nachdem Sie Fräulein Lindwall kennen, und sich um ihre Lieb' bewerben — gar keinen Schritt mehr bei der früheren thun — sondern sogar jede Gelegenheit vermeiden, mit ihr zusammenzutreffen.

Stromfeld. Das versteht sich wohl von selbst!

Wirrmann (freudig). Gewiß? — gewiß? Geben Sie mir Ihr Ehrenwort darauf!

Stromfeld (beinahe beleidigt) Mein Ehrenwort? — Ich — Ihnen? — wie kommen Sie dazu, es mir abzufordern?

Wirrmann. Ja — es ist eine unsinnige Keckheit — ich seh's ein — aber sehen Sie Herr Baron! Ich — ich kenn' einen Vater, dessen Ruhe — dessen Glück davon abhängt, wenn er von dieser Ihrer Gesinnung fest überzeugt wär! — Und ich selber, Herr Baron! wüßte nicht, was ich alles aus Dankbarkeit dafür thäte! (etwas heimlicher). Wenn Sie vielleicht einmal dahier — an Ihre dramatische Geliebte was zu bestellen haben — einen Brief, oder so was dergleichen — ich bin da vom Haus — ich würde Ihr Charge d'affaire sein. —

Stromfeld (ihn mißtrauisch betrachtend). Wirklich? — wirklich?

Wirrmann. Ich schwör's Ihnen. bei meiner Seligkeit! — Na, Herr Baron! ich denk' gegen meinen bürgerlichen Schwur können Sie doch, wenn Alles was Sie gesagt haben, wirklich Ihr Ernst ist, Ihr adeliges Ehrenwort geben?

Stromfeld. Aber wer sind Sie denn?

Wirrmann. Oh — Sie können sich schon auf meine Ehrlichkeit verlassen — fragen Sie alle Leute im Haus nach mir — Billeteur Wirrmann.

Stromfeld (seine Ueberraschung schwer verhehlend). Wirrmann?! — (für sich). Dieser — Wirrmann?! — Er hat erfahren — hier heißt es klug einlenken! (laut). Nun denn, mein lieber ehrlicher Wirrmann! Ich stehe nicht an, Ihnen mein Ehrenwort zu geben, jeden Gedanken an eine Andere aufzugeben, und nur für Fräulein Lindwall zu leben.

Wirrmann. Und gar keinen Versuch mehr zu machen, mit einer andern heimlich zusammen zu kommen?

Stromfeld. Mein heiliges Ehrenwort darauf.

Wirrmann (will ihm um den Hals fallen). O Sie — (besinnt sich aber rasch). Bald wär' ich Ihnen um den Hals gefallen! — Na — aber einen Handdruck werden Sie von mir für Ihre brave Gesinnung nicht verschmähen!

Stromfeld. — Nein, nein! Reichen Sie mir Ihre Hand! (drückt Wirrmanns Hand herzlich). Aber nun — Ihr Versprechen —

Wirrmann (ganz neu belebt). Befehlen Sie — ich thu' für Sie Alles — Alles!

Stromfeld. Ich suchte bisher vergeblich Fräulein Lindwall zu bewegen, auch nur das kleinste Andenken von mir anzunehmen. Suchen Sie — aber erst nach der Vorstellung sich ihr zu nähern.

Wirrmann (bedenklich) Hm! — wenn ich sie nur kennte — aber sie ist erst seit Kurzem Schauspielerin — tritt heut' zum ersten Mal auf.

Stromfeld. Thut nichts — ich bürge Ihnen dafür, sie wird sie freundlich anhören —

Wirrmann. Glauben Sie? — Und was soll ich dann?

Stromfeld. Dann (einen Ring vom Finger ziehend) übergeben Sie ihr diesen Ring.

Wirrmann (den Ring besehend).
Sie! aber an dem Ringel ist nicht viel dran!

Stromfeld. Ich wählte absichtlich den an sich werthlosesten -- Fräulein Lindwall wird dieß zu würdigen wissen. und -- wenn Sie mein Fürsprecher sein wollen, wird sie nicht zögern, ihn anzunehmen.

Wirrmann. Na ja -- ich will Sie herausstreichen über'n grünem Klee.-- Aber ich fürchte nur --

Stromfeld. Fürchten Sie nichts -- gar nichts! -- Also -- ich habe Ihren Schwur --

Wirrmann (bedeutungsvoll). Und ich -- Ihr Ehrenwort!

Stromfeld. Das ich unter allen Umständen getreulich halten werde! Also -- auf Wiedersehen,-- mein lieber Herr Wirrmann! (drückt ihm nochmals die Hand, und eilt dann in den Bogengang links ab).

Siebente Scene.

Wirrmann (allein).
(Seelenvergnügt auf und niedergehend.) Da hab' ich ja in aller Eil' ein ganz famoses G'schäft abgemacht! Also -- er läßt meine Tochter in Ruh', weil ihm die neue Schauspielerin, Fräulein Lindwall besser g'fällt! - hm! die muß also noch schöner als meine Tochter sein - oder es übt das auf ihn eine besondere Anziehungskraft, weil sie beim Theater ist! Verschiedene Herren haben schon so einen eigenen Geschmack! Uebrigens läßt sich darüber nicht streiten! Wenn man sieht, daß einen was freut, was man selber nicht recht begreift, nur keinen Widerspruch! - Ein Mann von Welt und Lebensart zuckt dabei nur die Achseln und sagt: "Hm! das ist eben Geschmacks-sache," -- oder wenn er sich recht fein ausdrücken will, sagt er's auf französisch): "Chacun á son goût!"

Lied.

Wie ist der Geschmack mancher Eheleut'
verschieden!
Die Frau ist mit Mozart, Beethoven
nicht z'frieden,
Der Zukunfts-Musik weiht sie nur ihre
Gunst,
Und lohnet mit Gold und mit Lorbeern
die Kunst
Der Mann dageg'n gibt eine Festsoirée,
Er lad't in sein Haus sich nur ein
d' Haute-volée,
Und b'stellt sich ein' Wiener Harfenisten
dazu --
Chacun á son goût! - Chacun á son
goût!

Ein Herr raucht die feinen Cigarren
nur gern,
Wenn's ihm zum Präsent von ein'm
Andern g'macht wer'n (werden),
Doch kosten's sein Geld, ja, da gibt
er nicht mehr,
Als höchstens zwei Neukreuzer für das
Stück her,
Und foppt sich dann selber: "Ganz fein
ist das Blatt!"
"Was für ein Aroma der Glimmsten-
gel hat?"
"Laßt's mich' sagt er -- mit den
Regalia's in Ruh"
Chacun á son goût! -- Chacun á son
goût!

"Die Menge von Zeitungen!" -- so
ruft ein Herr
"Man weiß gar nicht, welche man
lesen soll mehr,"
"Die Meinungs-Verschiedenheit macht
mich konfus."
"Drum schafft mir nur Ein Journal
noch ein'n G'nuß" -
"Nach Tisch jetz' ich mich ins Caffee-
haus hinein,"
"Und um doch á jour mit dem Welt-
lauf zu sein,"

„Les' ich bei mein'm Schwarzen den
„Volksfreund" dazu —
Chacun à son goût! — Chacun à son
    goût!
's ist bekannt, daß die Damen sich gern
    parfümir'n,
Durch d' Nas'n soll der Weg zu dem
    Herzen auch führ'n —
Es dampft eine völlig vom Patschouli-
    G'ruch)
Und Spring-Flowers und Moschus —
— 's ist All's noch nicht gnug',
Der Herr, den sie liebt, ach! er merkt
    nichts von All'n,
Denn ihm thut im Circus 'ne Kunst-
    reiterin g'fall'n
Die Grazie! und ein kleins Bißl 'nen
    Stallg'ruch dazu
Chacun à son goût! — Chacun à son
    goût!
Was für Anträge oft in den Zeitungen
    steh'n
Von Männern, die alle auf 'd Braut-
    werbung geh'n —
Doch jetzt kommen Damen auch
    die tragt sich an:
Zehntausend Gulden hätt's — doch um
    (Gotteswillen ein Mann!
Die Andre versteht gut die Wirthschaft
    zu führ'n,
Und ließ sich von einem ältlichen Herrn
    engagir'n —
Die Dritte schreibt: Ach! schon ein
    Freund wär' mir gnu (genug),
Chacun à son goût! — Chacun à son
    goût!
Sonst war es Brauch, zu einer wicht'-
    gen Mission
Hat man nur verwendt eine hohe Per-
    son,
Denn seines Benehmen das charak-
    terisirt
Den Staatskünstler, der geschickt inter-
    venirt,
Doch jetzt kommen Fäll' vor! Zwei
    werden nicht eins
's will Jeder was anders — nachge-
    ben will kein's —

Zletzt schickt man Depeschen durch'n
    Grundwächter zu —
Chacun à son goût! — Chacun à son
    goût!
(Geht in die Conditorei.)

Achte Scene.

Nelkenduft. (allein.)

Nelkenduft (kömmt wieder vom
Logengange). Ich halt's nicht aus!
Das Zeug gefällt immer mehr! Es ist
niederträchtig! — Und die Florheim
sitzt in der Theaterloge und klatscht sich
fast die Handschuhe wund! — Heute
Abends nach dem Theater gibt sie
eine Soirée, — ich bin auch eingeladen — da wird wieder von nichts die
Rede sein, als von dem glänzenden
Erfolge dieses Abends! Sie wird mich
wieder aufziehen, wird fragen, wann
denn mein Stück dran kömmt? Ja,
wenn dieß Stück mein Stück, —
wenn ich der glückliche Verfasser -—
(bleibt plötzlich von einem Gedanken
erfaßt stehen) Wer ist aber der Verfasser? -- Niemand — nicht einmal
die in alle Geheimnisse des Theaters
eingeweihten Personen wissen es! —
Warum könnte nicht ich eben so gut
der Verfasser sein? — Wenn ich's sagte
— wer könnte mir widersprechen? Ha!
das wäre heute ein Abend im Salon
der Florheim! sie müßte mich auszeich-
nen Ha! — mich sogar als ihren
Zukünftigen vorstellen dann würde
ich die Hochzeit beschleunigen, und,
wenns dann später auch bekannt würde,
daß diese Comödie nicht von mir ist —
das wäre kein Scheidungsgrund! Ja
hol mich der Teufel! Ich führe den Coup
aus! Ich annexire mir das Autor-Recht
— ich proklamire mich als Verfasser
— ist die Florheim erst mein — dann
frägt kein Mensch ob ich auf legitime
Weise in ihren Besitz gelangt bin! Auf
denn! Erobern wir auf moderne Weise!

— Ich warte das Ende gar nicht ab — nach Hause in den Salon-Frack geschlüpft, und dann zu ihr — als ruhmgekrönter Poet! (eilt über die Stiege ab.) (Man hört von der Bühne her wieder heftigen Aplaus.)

Neunte Scene.

Wirrmann. — Frau Margareth.

Frau Margareth (welche während der vorigen Scenen im Hintergrunde ihrer Garderobe verschwunden war, tritt wieder hervor). Wirrmann (stürzt gleichzeitig aus der Conditorei). Ha! der Sturm geht schon wieder los! Jetzt — seitdem ich den größten Kummer vom Herzen hab, kann ich mich erst recht freu'n! — (da der Aplaus fortwährt) Nur zu so! — Noch stärker! Vivat! (Geberdet sich fast wie toll.)

Frau Margareth (von ihrem Budentische hervortretend). Aber Herr Wirrmann! Ich begreife Sie heut gar nicht!

Wirrmann (sich bemeisternd, für sich). Ja so — ich war nicht allein! (laut.) Sie begreifen nicht? — Ha! Ich begreif' mich selbst nicht? — aber — wissen Sie — ich — ich hab jetzt da drin in aller G'schwindigkeit ein Glas Punsch hinunter g'stürzt — und das — na — und dann hat es mit dem Stück eine eigene Bewandtniß!

Margareth. Was für eine Bewandtniß? reden Sie doch!

Wirrmann. Na wissen Sie, — es — gilt eine hohe Wett' ob das Stück gefällt oder nicht — ich hab' darauf eingesetzt, daß es gefallen muß.

Margareth. Na ja, Sie kennen das Stück vom Abschreiben aus! Sie habens freilich besser, als ich — ich werde immer nach so einer Vorstellung von einer Menge Leute darüber gefragt, und kann keine Red' und Antwort geben! wenn Sie mir nur ein Bischen vom Inhalt sagen möchten!

Wirrmann. Ja, sehen Sie das Stück behandelt etwas, was einmal — so vor 20 Jahren wirklich geschehen ist! —

Margareth. Wirklich geschehen? — Also eine wahre Geschichte? — Das ist ja gar interessant!

Wirrmann. Die Hauptfigur ist eine berühmte Sängerin. —

Margareth. Das ist aber schon öfters vorgekommen. —

Wirrmann. Daß eine Sängerin eine Hauptfigur ist? Möglich! Aber diese Sängerin ist die edelste Natur, die man sich denken kann! Jung, schön, und von einer schauderhaften Jugend! Das ist doch originell! was?

Margareth. Ja, ja — nur weiter!

Wirrmann. Die ganze Welt ist völlig in sie vernarrt — unter diesen Vernarrten sind aber zwei die Allervernarrtesten! zwei junge Männer mit ganz gleichen Gefühlen — aber in sehr verschiedenen Verhältnissen — der Eine ist ein ungeheuer reicher Graf aus einer vollblütigen adeligen Familie — der andere ist ein armer Teufel von einem Choristen bei demselben Theater, wo sie just ist. —

Margareth. Und sie — sie ist wahrscheinlich in den armen Teufel verliebt?

Wirrmann (gleichsam feierlichst protestirend). Nein! — das wär' gegen alle Wahrscheinlichkeit! — Sie liebt mit aller Inbrunst den jungen Grafen —

Margareth. Und heirathet ihn am Schluß, und wird eine Gräfin?

Wirrmann. Aber so plansch' mir die Frau Margareth nicht immer drein! Nein — nein! Eine Gräfin werden! das wär ja ein ganz ordinärer Ausgang! — Ich hab Ihnen ja gesagt, der junge Graf hat eine Familie — die Hauptpersonen dieser Familie kommen im

Stücke auch vor — die wollen den jungen Grafen —

Margareth. Wieder mit einer Gräfin verheirathen?

Wirrmann (ärgerlich). Aber nein! Sie wollen ihn zu einem hohen Staatsdienst bringen — er hat nämlich sehr viel Geist und Verstand und Talent zur Diplomatie — aber während seiner Liebe kümmert er sich weder um das Innere noch um das Aeußere seines Vaterlandes, ja ganz Europa sammt allen angrenzenden Welttheilen ist ihm Leberwurst — denn seine Welt ist nur das Herz der Geliebten.

Margareth. O Gott! das ist schön!

Wirrmann (geschmeichelt). Finden Sie? Nun - ich sehe, Sie haben Geschmack! Aber jetzt geben Sie Acht — ein schauerlicher Moment — die Familie kommt dahinter!

Margareth. Da gibt's vermuthlich ein Mordspektakel.

Wirrmann. Keine Idee! Es ist ja eine vornehme Familie — sie ist still — aber im Stillen schmiedet sie Kabalen — man will's dahin bringen, daß die Sängerin die Stadt verläßt — der junge Graf kommt aber dahinter, er erklärt der Familie, daß er, wohin seine Geliebte auch gehen würde, ihr folgen, und Alles im Stiche lassen wolle. Der alte Graf droht mit seinem Fluche und so ein Fluch von einem alten Grafen ist schauerlich), denn die ganze Reihe seiner Ahnen flucht mit! aber es nützt Alles nichts, der junge Graf bleibt unerschütterlich!

Margareth. Das ist brav von ihm!

Wirrmann. Jetzt steckt sich die Familie hinter die Sängerin selber —

Margareth. Da werden sie wenig ausrichten — wenn sie wirklich verliebt ist, läßt sie ihn nicht aus!

Wirrmann. Ja — die Frau Margareth weiß schon wieder Alles

voraus! Aber es kommt gräd das Gegentheil.

Margareth (gespannt). Das Gegentheil — Ah! das ist ja ungeheuer interessant!

Wirrmann. Nicht wahr? — Also man sagt ihr, der Sängerin, daß das Glück des jungen Grafen selber durch diese Liebe gefährdet wäre — da stutzt sie — man sagt ihr weiter, — daß das Vaterland darunter leiden werde, indem seinem Dienste eine der bedeutendsten Kräfte entgehen würde, wenn der junge Graf durch eine solche Mißalliance seiner diplomatischen Carriere entzogen würde - da stutzt sie noch mehr — denn sie liebt neben dem jungen Grafen auch ihr Vaterland! — Es entsteht in ihrer Brust eine förmliche Bataille der widerstrebendsten Gefühle — sie schwankt zwischen Grafenliebe und Vaterlandsliebe - aber das edlere Element siegt — sie entsagt mit blutendem Herzen!

Margareth (sich die Augen trocknend). O Gott das ist rührend!

Wirrmann (sie betrachtend, für sich). Sie weint! Ein so zartfühlendes Herz hätt ich kaum in der Garderoberin gesucht!

Margareth (noch schluchzend). Aber was sagt denn der junge Graf dazu?

Wirrmann. O - es ist noch nicht aus! Es handelt sich darum, nicht nur für den jungen Grafen ganz zu verschwinden, sondern ihm auch, für den Fall, als er sie ja wieder findet, ihm jede Hoffnung zu benehmen.

Margareth. Und was thut sie?

Wirrmann. Ja, was thut sie — (Geben Sie Acht! — Sie hat längst bemerkt, daß der arme Chorist zum Sterben in sie verliebt ist, obwohl er nie den Muth gehabt hat, ihr seine Liebe zu bekennen!

Margareth. Der arme junge Mensch

Wirrmann. Sie läßt also den armen jungen Menschen kommen, und

fährt ihn an: „Sie lieben mich!" —
Der junge Mensch weiß nichts Besseres
zu thun, als ihr zu Füßen zu fallen ·
und will ihr sein Herz ausschütten —
sie aber fragte ihn kurz: „Wollen Sie
mich heirathen?" — jetzt können Sie
sich die wahnsinnige Freude von dem
jungen Menschen denken! er weint, er
lacht — er redet allen Unsinn ·
Margareth. O Gott! o Gott!
hören Sie auf! das ist zu schön! — Er
redet Unsinn, das muß gefallen!
Wirrmann. Nicht wahr? — nicht
wahr? Nun also, daß ich kurz zum
Schluß komme — sie heirathet ihn
wirklich ganz in der Stille — reist daher
unter dem neuen Namen ihres Man-
nes in eine ausländische Residenz, und
ist somit verschwunden für den jungen
Grafen — dieser aber stürzt sich —
Margareth (schreckliches ahnend).
In die Donau?!
Wirrmann. Schon wieder dane-
ben geschossen! — Er stürzt sich in die
Staatsgeschäfte, rettet später durch die
geistreichsten Maßregeln das ganze Land
aus der Finanznoth — das ist aber
nicht wirklich erlebt, sondern nur poe-
tisch erfunden, so wie überhaupt der
ganze Schluß. —
Margareth. Das muß Furore
machen! Mich hat's beim bloßen Anhören völlig gepackt, — so eine edle
Weibsperson, die das Alles thut —
und das zerrissene Herz (weint
wieder.) Mich stößt's ordentlich!
Wirrmann (für sich). Sie weint
schon wieder! (zieht sie an sich.) O wei-
nen Sie sich aus an meiner Brust!
Sie glauben nicht, wie wohl mir Ihre
Thränen thun! (umschlingt sie mit
einem Arme.)

Zehnte Scene.

Vorige. Stecherl.

Stecherl (kömmt athemlos die
Stiege herauf). Herr Wirr — — (er-

blickt die Gruppe, und bleibt erstarrt
stehen) mann!
Wirrmann (aufsehend). Was
ist's? (erblickt Stecherl) Was seh ich —
Sie — ?!
Stecherl. Was seh ich — Sie! so
treiben Sie's hier?
Wirrmann (wendet Margarethen
mit dem Gesichte gegen Stecherl). Sehen Sie diese Frau an — ich glaube,
ihr bloßer Anblick genügt mich über je-
den Verdacht zu erheben! Aber —
(läßt Margarethen los, und eilt auf
Stecherl zu) Sie! — haben Sie mir
nicht versprochen, Wacht zu halten?
Stecherl. Ja, hat sich was Wacht
zu halten!
Wirrmann. Was? meine Tochter?
Stecherl. Ist fort!
Wirrmann (entsetzt, Stecherl an
der Brust fassend). Fort?! — Doch?
— Elende Schildwache! (sehr stür-
mischer Applaus vom Hintergrunde her.)
Stecherl. Hören Sie mich nur
an —
Wirrmann (wieder auf den
Applaus horchend). Hören Sie? —
Hören Sie?!
Margareth (Wirrmann zurü-
fend). Der Vorhang ist gefallen!
Stecherl (zu Wirrmann). Die
Leute im Haus haben mir gesagt —
Wirrmann (mit Bezug auf
den Applaus). Ah — das Ge-
klatsch!
Stecherl. Nichts Geklatsch! —
Es ist die Wahrheit! (Rufe vom
Theater her.) Dichter! Verfasser!
heraus! heraus!
Wirrmann (entzückt, seinen
Ohren kaum trauend). Ha — der
Ruf — !
Stecherl. Ja, der Ruf Ihrer
Tochter —
Frau Margareth. Den Dich-
ter rufen sie!
Erneute Rufe. Dichter! Ver-
fasser!

(während immer zunehmenden Applause.)

Wirrmann (außer sich). Ja! den Verfasser will man! Jetzt nützt Alles nichts mehr! — Sie sollen ihn haben! (stürzt gegen die Gallerie reißt die Thür auf, und drängt sich durch die Masse, schreiend) Ich — ich bin der Verfasser! — Ich!

Margareth. Was? Er — der Verfasser —

Stecherl. Der Mann ist verrückt geworden!

(Der Applaus wird noch stürmischer)

11. Scene.

Wirrmann. Vorige. Wall. Commissär Hell. Bullmann. Brander. Personen aus dem Publikum.

Wall (stürzt vom Logengange links herein). Was treibt denn der Herr Wirrmann? Wo ist er?

Wirrmann (kommt von mehreren Personen aus dem Publikum begleitet, halb ohnmächtig von der Gallerie zurück). Ich — Ich? — da bin ich!

Hell (kömmt ebenfalls vom Logengange links, zu Wirrmann). Was haben Sie gethan? — Sich hier — von der Gallerie aus zeigen —

Wirrmann. Alles Eins — machen Sie mit mir, was Sie wollen — ich — ich habe mich nicht halten können — (der Sturm erneuert sich).

Hell. Der Spektakel nimmt jetzt gar kein Ende. — Sie müssen auf die Bühne. —

Wall. Ja — ja — kommen Sie! (faßt Wirrmann unterm Arme).

Wirrmann (bereits schwach). Auf die Bühne? — Meinetwegen! — Ja — Alles — was Sie wollen — aber — (betrachtet seinen Rock) in dem Anzug?

Wall (drängend) Schadet nichts!

Wirrmann. Nein — nein! — Anstand — Repräsentation! (sieht sich um und erblickt einen Herrn im schwarzen Fracke, auf diesen zueilend) Herr! um Gotteswillen! Ihren schwarzen Frack!

Der Herr (sich weigernd) Aber —

Wirrmann. Den schwarzen Frack oder das Leben! (reißt dem Herrn den schwarzen Frack ab, zieht ihn in der Hast über seinen Rock an, zu Wall) Jetzt hinauf! hinauf! Europa sieht auf mich! (eilt mit Wall durch den Logengang rechts ab.)

Bullmann. Jetzt wird erst der Spektakel losgeh'n!

Brander. Jetzt gibt's einen Jur! Geh'n wir wieder hinein! (gehen wieder auf die Gallerie).

Stecherl (ganz verdutzt dastehend). Ich bin ganz baff! (Alles drängt sich auf die Gallerie.)

12. Scene.

Graf Schwertbach. Hell.

Graf Schwertbach (ein ältlicher Herr, mit mehreren Orden im Knopfloche, kömmt sichtbar aufgeregt vom Logengange links her.) Ich will — ich muß Aufschluß haben!

Hell (sich ihm ehrfurchtsvoll nähernd) Excellenz befehlen?

Graf. Ah sehr gut, Herr Commissär, daß ich Sie treffe — Können Sie mir sagen, wer der Mann ist, der sich eben als Verfasser dieses Stückes bekannte?

Hell. Ein armer Teufel, der für das Theater kopirt, und zugleich Billeteurdienste versieht. —

Graf. Aber seine früheren Verhältnisse? — war er immer hier? oder wo hielt er sich früher auf?

Hell. Entschuldigen Excellenz, wenn ich im Augenblicke keine Aufschlüsse ertheilen kann, aber, wenn es Eurer Excellenz Wunsch ist, werde ich mich bemühen —

Graf. Sie werden mich verbinden — doch — (gegen den Logengang

3

rechts sehend) es kommen Leute — ich kann Ihnen hier meine Vermuthungen nicht mittheilen — wollen Sie mich begleiten! —

Hell. Ich stehe ganz Ew. Excellenz zu Befehl! — (entfernt sich mit dem Grafen durch den Logengang links.)

13. Scene.

Stecherl. — Frau Margareth. — Wirrmann. — Malchen. — Rosa. — Stromfeld. — Rennberg. — Schauspieler und Schauspielerinnen. Bullmann. — Brander. — Personen aus dem Publikum. — Wall.

Stecherl.
Fr. Margareth. } kommen von der (Galleriethür.) zurück.

Bullmann.
Brander.
Eine Menge
Leute. } (strömen, theils aus der Galleriethür, theils von den Stiegen und Logengängen herbei.)

Alle. Da — da ist er — da kommt er!

Wirrmann (von Malchen, welche das Rosa-Kleid vom ersten Acte anhat, und von Rosa, welche auf das Eleganteste gekleidet ist, an beiden Armen gestützt, und geführt, kömmt erschöpft vom Logengange links her).

(Schauspieler und Schauspielerinnen zum Theile noch im Costüme folgen ihnen, von den letzteren tragen mehre Blumenbouquetts und Kränze in Händen.)

Stromfeld.
Rennberg. } (eilen auch) aus dem Logengang herbei)

Rosa (zu Wirrmann). Na, na — alter Herr! Nur Fassung!

Wirrmann (ganz erschöft). Ich — ich kann nicht mehr — (droht zu sinken.)

Malchen. Um Gotteswillen! Vater! (ruft.) Einen Stuhl!

Stecherl (bringt rasch den Stuhl von der Hinterwand nach vorwärts, erkennt aber nun erst Malchen und Rosa, starr vor Staunen den Stuhl fallen lassend). Ha! meine durchgegangenen Gefangenen? (zu Rosa) Sie — und (zu Malchen.) Sie — Fräulein Mali!

Wirrmann (seine Tochter stürmisch umarmend.) Ja — sie — mein armes, gutes — verkanntes, engelreines Kind! — ich — ich komm' auf die Bühne — wo: steht da — in der Hauptrolle? — meine Tochter — sie — sie hat heute zum ersten Mal gespielt. —

Wall. Unter dem Namen Fräulein Lindwall hat sie sich ihre ersten Lorbeern geholt!

Rosa (stolz sich in die Brust werfend). Meine Jugendfreundin, und — meine dramatische Schülerin!

Wirrmann (zu Rosa). Aber wer — wer sind denn Sie?

Wall. Unser neu gewonnenes Mitglied, die weitberühmte Schauspielerin Fräulein Florheim!

Stecherl (ganz verwirrt). Er ein Dichter — die zwei Schauspielerinnen!!

Wirrmann. Aber, mein Gott! welche Räthsel —

Rosa. Die alle ihre Auflösung finden sollen! Jetzt geben Sie sich nur der Freude hin, als Vater eines so guten geistigen und eines so lieben leiblichen Kindes (auf Malchen weisend.) Dem Verdienste seine Kronen! (sie nimmt von einer ihr zunächst stehenden Schauspielerin einen Lorbeer- und einen Rosenkranz, setzt ersteren Wirrmann, letzteren Rosa auf's Haupt.) (Die übrigen Schauspielerinnen bilden mit ihren Kränzen und Bouquetts eine Gruppe um Wirrmann und Malchen.)

Wirrmann (bleibt sie starr ansehend, sprachlos stehen).

Alle. Vivat Herr Wirrmann! Vivat Fräulein Lindwall!

Der Vorhang fällt.

Dritter Akt.

Salon in Rosa's Wohnung — sehr elegant eingerichtet — mit einer Mittel- und zwei Seitenthüren. Im Vordergrunde Tische mit Divans und Fauteuils, auf den Tischen Candelabers mit brennenden Kerzen.

1. Scene.

Linchen, Wirrmann, Malchen, Rosa.

(Linchen mit einem Armleuchter in der Hand öffnet die Mittelthür, läßt die Benannten eintreten und entfernt sich wieder).

Wirrmann (noch) in derselben Malchen Toilette wie im 2. Rosa Akt, treten ein.

Wirrmann (noch immer ganz verwirrt). Ich kenn' mich noch immer nicht aus — mir ist noch Alles wie ein Traum — der Beifall — meine Tochter — die Kränze — und dann weiß ich mich nur noch zu erinnern, in einen Wagen gepackt, und daher geführt worden zu sein (sich im Salon umsehend.) Ja, wo bin ich denn eigentlich? — Bei mir selber nicht — so viel ist gewiß!

Rosa. Sondern bei mir. Ich geb' nämlich heute meinen künftigen Collegen und Colleginnen, so gleichsam, zur Feier meines Einstandes, ein kleines Fest, wozu auch einige bekannte Kunstfreunde eingeladen sind, und daß Sie und ihre Tochter, als die Gefeierten des Abends, dabei nicht fehlen dürfen,

versteht sich von selbst! Aber früher will ich Ihnen alle Räthsel lösen.

Wirrmann. Sie? Aber Sie selber sind mir ja noch ein Räthsel. —

Rosa. Nein, sondern der Schlüssel zu allen Räthseln. — Ich bin eine Schulfreundin Ihrer Tochter und war damals ein armes, elternloses Mädchen, das von der Barmherzigkeit einer alten Tante gelebt hat. — Sie wissen, was das heißt, „von der Barmherzigkeit einer Verwandten leben"? Es heißt: für schmale Kost und schlechte Behandlung die Stelle von zwei Dienstbothen versehen. Na — ich hab Alles von ihr ertragen, wie sie mich aber gegen meinen Willen an einen alten Zwirnhändler hat verheirathen wollen, da ist mir der Faden gerissen — ich bin ihr durchgegangen, und habe mich bei der Truppe assentiren lassen, nämlich anfangs bei einer kleinen Schauspielertruppe in der Provinz.

Wirrmann. Was? — durchgegangen sind Sie? — und zum Theater? — Sie? — so ganz allein — als Mädchen?

Rosa. Ei was! Die Jungfrau von Orleans ist auch allein unter's Militär

3*

gegangen, und es hat ihr kein Mensch was Uebles nachgesagt. — Ich hatte nicht Ursache, den Schritt zu bereuen, mein geringes Talent hat bald Anerkennung, und ich selbst die glänzendsten Engagements im Auslande gefunden. Endlich hat aber die Sehnsucht nach meiner lieben Vaterstadt mich bewogen, die sehr honorabeln Anträge des hiesigen Theaters anzunehmen. Kaum war ich einige Tage hier, so begegne ich meiner armen Freundin Mali — sie hat mir ihre Lage erzählt, und ich hab ihr den Rath gegeben, meinem Beispiele zu folgen!

Wirrmann (erschreckt). Was? Auch durchzugehen?

Rosa. Nein, es ist nicht immer nöthig, sein Schauspielertalent auf diese Weise zu documentiren. Ich habe sie nur dazu bewogen, heimlich bei mir einigen Unterricht zu nehmen, und dann unter fremdem Namen einen dramatischen Versuch zu wagen. Auf meine Verwendung hat ihr der Director die Hauptrolle in ihrem Stücke zu ihrem Debut anvertraut.

Wirrmann. Ja, jetzt erklärt sich freilich Alles! Deßwegen hat mir der Direktor so streng verboten, auf eine Probe zu kommen, und die Equipage —

Malchen. War der Theaterwagen.

Wirrmann. Und der Dummkopf, der Stecherl hält' einen Theaterwagen für eine Equipage! — Aber das Kleid?

Malchen. Damit hat mich meine gute Rosa überrascht, weil sie wußte, daß meine eigene Garderobe für die heutige Rolle nicht zureichen würde!

Wirrmann. Also auch ein Theaterkleid! Aber (plötzlich ernster) jetzt kommen wir auf ein anderes Capitel — der Baron Stromfeld ist kein Theater-Baron, sondern ein wirklicher.

Malchen (schlägt verwirrt die Augen zu Boden). Baron Stromfeld?

Wirrmann. Und Du wirst jetzt auch nicht von Theater-Schminke

roth, (strenger ihre Hand fassend) drum spiel' mir jetzt auch keine Comödie vor — red! was ist's mit dem Baron?

2. Scene.

Vorige. Baron Stromfeld (tritt durch die Mitte ein, bleibt aber Anfangs von den Anwesenden unbemerkt im Hintergrunde stehen).

Malchen. Er ist mit dem Direktor bekannt, und besuchte oft auch während der Probe das Theater.

Rosa. Das ist wahr — er besucht auch mein Haus und ich kann ihm nur das beste Zeugniß ausstellen.

Wirrmann. Aber Du bist auch heimlich mit ihm zusammengekommen!

Rosa. Was hör ich da? — Mali! hab ich Dir jemals heimliche Zusammenkünfte einstudirt?

Malchen. Heimlich? -- Vater! ich schwör' es Dir — ein einziges Mal sprach ich den Baron — er traf sich zufällig — als ich eben im Begriffe war, zur Probe zu fahren.

Wirrmann. Und was—was hat er Dir da gesagt?

Malchen (stockend). Ach! ich war so überrascht, daß ich, keiner Antwort fähig nur eilte, in den Wagen zu kommen!

Wirrmann. Du hast ihm keine Antwort gegeben? — das war das Vernünftigste, was Du hast reden können — aber nur (sanfter) Mali! mir, Deinem Vater, kannst Du's schon sagen: ist Dir der Baron anders erschienen, als irgend ein anderer junger Mann?

Malchen. Ach Vater! (sinkt an seine Brust, und birgt ihr Haupt an derselben).

Wirrmann. Da haben wir's - Mali! Ich bitt' Dich, sei g'scheit — schlag Dir solche Gedanken nur aus dem Kopf, denn der Baron — —

Stromfeld (ist indeß leise vorwärts gekommen, klopft Wirrmann auf die Schulter und spricht ihm in's Ohr). Herr Wirrmann! Ihr Schwur! Wirrmann (sieht sich überrascht um, den Baron erblickend). Element! (bedeckt rasch Malchens Augen mit seiner Hand). Mali! schau nicht auf!

Rosa. Ach Herr Baron!

Malchen (zieht schnell Wirrmann's Hand von den Augen, erblickt Stromfeld, aufschreiend). Ach!

Wirrmann (für sich). Jetzt ist der Teufel los! (unwillig zu Stromfeld). Herr Baron! was wollen Sie? wie kommen Sie daher?

Rosa (zurechtweisend). Der Herr Baron beehrt heute unsere Gesellschaft mit seiner Anwesenheit — er ist mein Gast. —

Wirrmann. So? Ihr Gast — da kann ich nichts dagegen einwenden — unterhalten Sie ihn auf's Beste — meine Tochter geb ich aber nicht zu der Unterhaltung her! (Malchens Arm in den seinigen legend.) Komm Mali! wir gehen nach Haus! (will fort.)

Stromfeld (ihm in den Weg tretend). Herr Wirrmann! Sie schwuren mir, bei Fräulein Lindwall mein Fürsprecher zu sein!

Malchen. Vater! wirklich?

Rosa (zu Wirrmann). Das haben Sie geschworen?

Wirrmann (ganz verwirrt). Das war — das ist — ich — ich hab' nicht gewußt — ich — Fürsprecher bei Der da! Unsinn!

Rosa (lachend). Ja, ja, es scheint mir schon selbst, daß bei Der eine Fürsprache Luxus wäre!

Stromfeld (zu Rosa). Ihre Ansicht beglückt mich zwar, dennoch (zu Wirrmann) muß ich auf Erfüllung Ihres Schwures bestehen!

Wirrmann. Sie bestehen drauf? — Gut — gut. (zu Malchen.) So bist Du jetzt die Schauspielerin Fräulein Lindwall — ich nichts als ein armer Teufel von Billeteur.

Malchen (flehend). Sprich doch nicht so!

Wirrmann. Warte nur (drohend). Hernach werd' ich schon noch anders reden! (wieder sehr devot). Also Fräulein Lindwall! der Herr Baron ist ein sehr schöner Mann — ein sehr vornehmer, reicher Cavalier. —

Stromfeld. Erwähnen Sie doch dieß nicht!

Wirrmann. Nein, nein — Ich hab Ihnen ja geschworen, Sie recht heraus zu streichen! (wieder zu Malchen) und er hat ein Aug' auf Sie geworfen — ja, ja, er ist ungeheuer verliebt in Sie, und den Ring — (befühlt seine Westentasche) wo hab ich ihn denn? ja — da! (zieht den Ring heraus) den Ring schickt er Ihnen zum Andenken — nehmen Sie ihn an — ich der arme Billeteur, bittet Sie drum. (Hat die letzten Worte vor Aufregung kaum mehr sprechen können, nun schwer aufathmend). So — der Billeteur hat seinen Schwur erfüllt!

Malchen (hat den Ring genommen). Dieser Ring — von Ihnen (will den Ring an ihre Lippen drücken).

Wirrmann (plötzlich losdonnernd) Aber jetzt redet der Vater mit seiner Tochter, und der erinnert Dich bloß an die Rolle, die Du heute gespielt hast. — Diese Sängerin — sie ist auch von einem jungen Grafen geliebt worden, und hat ihn wieder geliebt — aber was thut sie — ich frag Dich — was thut sie?

Malchen (die Hand an ihr Herz drückend, mit erstickter Stimme). Sie — entsagt!

Wirrmann. Sie entsagt! — So zeig jetzt, daß Du die Rolle nicht blos auswendig gelernt hast, sondern verstehst, daß Du nicht bloß auf dem Theater die Hochherzige gespielt haft, sondern sie auch im L e b e n sein kannst!

R o f a. Na, nur nicht zu viel verlangt! So ein Charakter ist leicht geschrieben und gespielt, ob er aber auch in der Wirklichkeit vorkommt —

W i r r m a n n. Er ist vorgekommen — (zu Malchen) dieser Charakter war — Deine Mutter!

M a l ch e n (ergriffen). Meine Mutter!

S t r o m f e l d. Doch scheinen diese andere Beweggründe bestimmt zu haben. Der junge Graf in Ihrem Stücke ist zu wichtigen Staatsdiensten berufen — ich dagegen bin frei und unabhängig.

W i r r m a n n. Das Haupthinderniß war damals die Familie — die v o r n e h m e Verwandtschaft, und das ist auch jetzt der Grund, warum i ch so rede! (absichtlich eine vornehme Haltung annehmend). Herr Baron! Ich will glauben, daß Sie's ehrlich und redlich meinen, daß Sie meiner Tochter eine sehr anständige Zukunft bieten können, steht außer Frage - aber (zuckt die Achseln, dann sich stolz emporrichtend), Sie sind uns nicht ebenbürtig!

S t r o m f e l d. Ich habe nur einen Verwandten, auf dessen Wort ich achten muß — meinen würdigen Oheim, doch dieser liebt mich väterlich — ich bin überzeugt er wird sich durch meine Bitten bewegen lassen!

W i r r m a n n. Bitten? Bewegen lassen?! Wir sollen uns also in die vornehme Familie h i n e i n b e t t e l n — uns später über die Achsel ansehen lassen? Nein, nein, mein verehrter Herr Baron! Ich will nicht bloß ein g e d u l d e t e r Schwiegervater sein.

S t r o m f e l d Mein Gott! Sie kennen meinen Oheim nicht?

W i r r m a n n (wieder stolz). Nein! er ist mir noch nicht vorgestellt worden!

S t r o m f e l d. Er ist mir ein zweiter Vater!

W i r r m a n n. Dann müßte er uns gegenüber auch einfach als Ihr Vater und nicht als G r a f auftreten!

S t r o m f e l d. Was wollen Sie damit sagen?

W i r r m a n n. Hm! Es ist sehr einfach! — Ich hab eine Tochter — Sie wollen sie heirathen — soll da vielleicht ich hingehen, und bei Ihrem Onkel um I h r e Hand bitten? — Nein — Er — Ihr Onkel — müßte zu mir kommen und mich bitten, daß ich Ihnen mein Kind gebe!

S t r o m f e l d (zurücktretend). Sie fordern etwas, das —

W i r r m a n n. Ich thu's nicht anders.

R o f a (zu Wirrmann). Nein, hören Sie — das ist wirklich zu viel verlangt.

W i r r m a n n. Ich thu's nicht anders.

M a l ch e n. Vater! mir zu Liebe.—

W i r r m a n n. Ich thu's nicht anders — grad D i r zu lieb. Zeigen die Hochgebornen ihren Stolz, so müssen wir auch unsere Stölze zeigen. (Zu Stromfeld) Somit Herr Baron! haben Sie mein Ultimatissimum! Ehe diese conditio sine qua non erfüllt ist, gestatte ich keine Annäherung an meine Tochter!

S t r o m f e l d. Das heißt soviel als: Sie verbieten mir auch den heutigen Abend hier zuzubringen?

W i r r m a n n. Ich habe gar nichts zu verbieten — aber wenn Sie da bleiben, gehen wir!

S t r o m f e l d (rasch). Nein, nein, (zu Rosa). Gestatten Sie mir, mich jetzt schon zu beurlauben (auf Malchen blickend). Ich fahre nach Hause und hoffe meinen Oheim noch heute sprechen zu können, um vielleicht bald den Beweis liefern zu können, daß wahre Liebe auch den Berg bewegen kann, zum (gegen Wirrmann) Profeten zu kommen! (verneigt sich gegen die Anwesenden, und geht durch die Mittelthür ab.)

Wirrmann (nachdem Stromfeld abgegangen, gegen die Thür sprechend). Behüt' Sie Gott! — (sich wieder zu Malchen wendend) und Dich soll auch Gott behüten, Dein Herz an einen Dir unerreichbaren Gegenstand zu hängen!

Rosa. O weh! das war eine sehr ernste Ouverture zu meinem heitern Fest! — Na, Mali! schlag Dir nur heute alle trüben Gedanken aus dem Kopf! Lassen wir diese Angelegenheit für jetzt ruhen, und denken wir an Zerstreuung! — Wissen Sie, es liegt mir dran, daß Sie beide erst erscheinen, wenn schon die ganze Gesellschaft beisammen ist; wenn ich den ersten Toast ausbringe! Dann erst treten Sie heraus! — (Gehen Sie also indeß da (auf die Seitenthür rechts weisend) in's Toilettzimmer (zu Malchen). Du wirst Dir ohnehin Deine Coiffüre etwas ranguren wollen. —

Wirrmann (zu Rosa). Lassen Sie's nur gut sein, bei der werd' ich Friseur-Dienste versehen, und ihr das verdrehte Köpferl ein Bischen zurecht setzen! (zu Malchen). Komm nur! (ab mit Malchen).

Rosa (allein). Ja, so eine junge Anfängerin wird freilich durch die ersten Huldigungen, die ihr dargebracht werden, gleich ganz wirblich gemacht, wenn man aber wie ich, einmal ein paar Jahre hindurch all die Schwärmereien der jungen Herren hat anhören müssen, dann kommt man sich selbst vor, wie ein Zuckerbäcker, dem all die Süßigkeiten die er immer vor Augen hat, nur widerlich erscheinen.

3. Sene.

Rosa. Nelkenduft (ganz besonders auffallend geputzt, tritt durch die Mitte ein. Rosa erblickend und auf Sie zu-tänzelnd).

Meine Angebetete! Wie ich sehe, bin ich der erste von ihren Gästen — ja

— ich gleiche der Schwalbe — ich fliege schnell, wenn (ihre Hand küssend) der blühende Lenz mich ruft!

Rosa. Mir scheint, ich hab' Sie heute schon gesehen — im Theater. —

Nelkenduft. Ja, ein Streiflicht Ihrer Augensonne berührte mich — ach! nur so flüchtig. —

Rosa. Aber doch hab ich bemerkt, daß Sie noch vor dem Schluß des Stückes fortgegangen sind!

Nelkenduft. Ja, ich war in einer Aufregung, die es mir unmöglich machte, zu bleiben, ohne selbst die Blicke des Publikums auf mich zu lenken.

Rosa (verwundert). Auf Sie? — ja was ist's denn Sie angegangen?

Nelkenduft. Bevor ich diese Frage beantworte, erlauben Sie mir eine an Sie zu richten (faßt ihre Hand, und sieht ihr bedeutungsvoll in's Auge). Sagen Sie mir aufrichtig, hat das Stück Ihren Beifall gefunden?

Rosa Ja, mir hat es ganz aus-nehmend gefallen.

Nelkenduft. Wirklich? wirklich? O Seeligkeit! (drückt ihre Hand an seine Lippen). Und — haben Sie gar keine Ahnung, wer der Verfasser des Stückes ist?

Rosa. Der Verfasser? — Sie fragen? (für sich.) Ja so — er ist früher fort! Aber wo will denn das hinaus? (laut.) Nein — ich habe keine Spur davon!

Nelkenduft. Nun denn — (kniet vor ihr nieder.) Er liegt hier — zu Ihren Füßen.

Rosa (überrascht). Was? — Sie?! — Sie?! (für sich) Ah diese Frech-heit! — Na warte — den Spaß will ich mir gehörig ausbeuten.

Nelkenduft (wieder aufstehend). Es setzt Sie in Erstaunen! O Sie haben immer an meiner Begabung gezweifelt, aber Sie ahnten nicht, daß die Liebe die Mutter der Poesie ist.

Rosa. Also Sie! Sie! (schwärmerisch.) Ach! Gott! darum war mir den ganzen Abend so eigen zu Muthe — ich selbst habe eine Unruhe in mir gefühlt — ach! es war eine Art von Rapport zwischen meinem und Ihrem gewiß bang klopfenden Herzen!

Nelkenduft. Sie machen mich überschwenglich glücklich. (zieht sie sanft an sich). Rosa! Sie haben ein gelungenes Stück von meiner Feder als Bedingung gestellt!

Rosa (wie verschämt die Augen zu Boden schlagend). Ach, wie voreilig hab ich gehandelt aber — ich gesteh's Ihnen offen — (bedeutungsvoll) so etwas hab ich Ihnen nicht zugetraut.

Nelkenduft. Werden Sie dem Sieger den Preis vorenthalten?

Rosa. Hm! Sie müßten es erst machen, wie die Ritter bei einem Turnier — gekämpft haben Sie mit geschlossenem Visir, wenn sie den Preis holen, müssen Sie es öffnen.

Nelkenduft. Sie meinen, ich soll die Anonymität ablegen — mich vor aller Welt als Verfasser bekennen?

Rosa. Das müssen Sie mir überlassen! Ich setze einen Werth drein, dem Director und der Gesellschaft, die sich alle schon die Köpfe über den geheimnißvollen Dichter zerbrochen haben, zu sagen, daß ich — ich allein von Allem gewußt habe.

Nelkenduft. Nun gut — ich räume Ihnen volles Recht ein, aber dagegen versprechen Sie mir, mich zugleich als Ihren Bräutigam vorzustellen.

Rosa. Sobald die ganze Gesellschaft in Ihnen den Dichter des heutigen Stückes erblickt, ja!

Nelkenduft. Und werden auch einen kleinen Vertrag unterzeichnen, der jeden Rücktritt unmöglich macht?

Rosa. Dem Dichter des heutigen Stückes werde ich keine Bitte versagen!

Aber früher seien Sie mir behülflich die Ueberraschung recht überraschend in die Scene zu setzen. —

Nelkenduft. Wie das?

Rosa. Sie dürfen Anfangs gar nicht zugegen sein — hier im Nebenzimmer (auf die Thür links weisend.) warten Sie, bis ich einen Toast auf den Dichter ausbringe, dann treten Sie heraus!

Nelkenduft. Um all die Huldigungen entgegen zu nehmen! Ausgezeichnet — aber lassen Sie mich nicht lange allein da drinnen in meiner jetzigen Stimmung ist die Einsamkeit ein Fegefeuer!

Rosa. Gott! ich höre schon kommen!

Nelkenduft. Rufen Sie mich bald, damit ich in Ihren Armen selig werde.

Rosa (ihn fortdrängend). Schnell, schnell hinein!

Nelkenduft. Ach Gott! Das wird eine Arm-Seligkeit werden! (ab in die Thür links.)

Rosa. Na warte! den will ich anrennen lassen, und dadurch für immer von seiner Zudringlichkeit befreit sein!

4. Scene.

Rosa. — Director Brunnenthal. Henriette. — Wall, später mehrere Damen und Herren (sämmtlich in Festkleidern).

Brunnenthal (tritt, Henrietten am Arme führend, zuerst ein).

Wall (folgt ihnen).

Rosa (den Eintretenden entgegen gehend). Ach Herr Direktor! Ihre Rosalie heißt Sie tausendmal willkommen!

Brunnenthal. Wir mußten uns wohl beeilen, die Ersten Ihrer Gäste zu sein, nachdem Sie wünschen, daß meine Frau gleichsam die Stelle der Hausmutter versehe.

Rosa. Ja, die Frau Gemalin ist so gütig, um die Déhors zu wahren! Also (zu Henrietten) nehmen Sie mich unter Ihren Schutz! wir wollen indeß hier (auf einen Divan weisend) eine Niederlassung gründen! (sie setzen sich). Ich hoffe wohl, die Gesellschaft wird nicht mehr lange auf sich warten lassen.

Brunnenthal. Ah, wenigstens was die Damen und Herren meiner Gesellschaft betrifft, bin ich überzeugt, daß sie sich zu einem Souper viel pünctlicher einfinden als zu einer Probe!

Rosa. Herr Director! richten Sie Ihre Gesellschaft nicht aus, mit der Sie so viel ausgerichtet haben, sie ist die Armee, mit der Sie heute einen glänzenden Sieg erfochten.

Brunnenthal. Was allerdings um so mehr zu wundern ist, als meine Hauptmacht (sich galant gegen Rosa verneigend) heute nicht in's Treffen geführt wurde.

(Mehrere Damen und Herren treten nach und nach ein, und gehen auf Rosa und Henrietten zu, sie begrüßend).

Rosa. Sein Sie mir alle herzlich willkommen. Sans gêne! thun Sie alle, als ob Sie zu Hause wären! Aber es wird aufgetragen, wenn's gefällig ist, gehen wir zu Tisch!

Brunnenthal. Wir folgen Ihrem Ruf zu jeder Zeit — darf ich Ihnen meinen Arm bieten — (nimmt Rosa's Arm und führt Sie zur Tafel).

Die übrigen Herren führen ebenfalls jeder eine Dame zur Tafel. Man setzt sich. — Diener serviren und schenken ein.

Rosa. Aber wir sind noch nicht alle versammelt — (auf einen leeren Platz neben den ihrigen weisend). Hier ist noch Platz für Banko's Geist — und der Mann fehlt eben noch, dessen Geist wir es verdanken, daß wir Alle, und namentlich unser lieber Herr Director heute bei so guter Laune sein können! Vielleicht gelingt es mir ihn zu citiren, wenn ich (sich mit einem Champagner-Glase in der Hand erhebend) das erste

Glas erhebe und Sie bitte, mit mir anzustoßen auf das Wohl des Dichters des heutigen Stückes!

Alle (die Gläser erhebend). Ja, ja der Dichter hoch!

5. Scene.

Vorige. Wirrmann. Malchen. Nelkenduft.

Wirrmann. Malchen. treten aus der Seitenthür rechts. (Erster im schwarzen Frack.)

Nelkenduft (tritt gleichzeitig aus der Seitenthür links).

Brunnenthal (Wirrmann erblickend). Ach! da ist er ja! (geht mit zwei Gläsern in den Händen auf Wirrmann zu und reicht ihm eins davon). Nehmen Sie nur ein Glas zur Hand und stoßen Sie mit mir an. (es geschieht).

Alle. Vivat! Vivat! (erheben sich mit ihren Gläsern vom Tische, gehen Wirrmann entgegen, und stoßen mit ihm an.)

Wirrmann (rings anstoßend). Danke danke — zu viel Auszeichnung!

Nelkenduft (bleibt auf der linken Seite ganz unbeachtet stehen). Ja, wie ist mir denn? Auf das Wohl des Dichters wird getrunken, und mit dem Billeteur angestoßen?

Rosa (mit ihrem Glase in der Hand vom Tische weg, und zu Nelkenduft tretend, sich aber zur Gesellschaft wendend). Meine Verehrten! Es ist mir leid, daß ich Ihnen allen sagen muß, daß Sie und das ganze Publikum heute mystificirt worden sind, denn hier (auf Nelkenduft weisend) steht der wirkliche Verfasser des heutigen Stückes.

Alle (sich überrascht nach Nelkenduft umwendend). Was? — was?

Brunnenthal | Herr von Nelken-
Wall | duft?

Wirrmann (empört). Was —
was hör' ich da?

Rosa. Ja, er ist's — ich weiß es
aus seinem eigenen Munde!

Brunnenthal. Ist's möglich? (zu
Wirrmann.) Und Sie — Sie über-
gaben mir das Manuscript als Ihr
Werk, wir kamen überein, es geheim
zu halten, doch zeigten Sie sich dem
Publikum als Verfasser.

Nelkenduft (auf's unangenehmste
überrascht). Wa — was? — dem Pu-
— dem Publi — dem Publikum?!

Rosa. Ja — nachdem Sie das
Theater verlassen hatten, wurde der
Dichter stürmisch gerufen, und da hat
sich wohl der Herr Wirrmann den Spaß
erlaubt —

Nelkenduft (für sich). O verflucht!

Wirrmann. Spaß? Spaß?!

Brunnenthal. Hören Sie! das
ginge über den Spaß! Jetzt muß ich
Aufklärung haben. Herr von Nelkenduft! sprechen Sie!

Nelkenduft (für sich). Ich stehe
da, wie ein begossener Pudel, wenn ich
mich nicht mit unsterblicher Kühnheit
behaupte! — Jetzt gilts va banque!

Brunnenthal (strenge). Nun
Herr von Nelkenduft?

Nelkenduft. Also — (gezwungen
lachend.) ha ha! — der Herr Wirr —
ha ha! der Billet — ha ha ha — aber
lieber Direktor! daß Sie sich so täuschen lassen konnten!

Wirrmann (Ganz starr vor
Staunen). Täuschen? — Mir ver-
schlagt's die Rede!

Brunnenthal. Das Stück war
von Wirrmann's Hand geschrieben. —

Nelkenduft. Aber waren denn all
die Stücke, die Sie von mir erhielten,
nicht auch von Wirrmanns Hand geben, das heißt: abgeschrieben?

Brunnenthal. Allerdings — das
ist wahr — aber keines war aufführ-
bar. —

Nelkenduft. Ja — eben weil sie
alle fünfzig zurückwiesen, vermuthete
ich, Sie hätten eine Antipathie gegen
mich und — gab daher dem Herrn
Wirrmann den Auftrag, er soll Ihnen
dies Stück bringen, ohne zu sagen von
wem es sei.

Brunnenthal (zu Wirrmann).
Und Sie hätten sich also unterstan-
den —? Was stehen sie denn da, wie
eine Bildsäule? (ihn rüttelnd.) reden
Sie doch!

Wirrmann (der ganz verblüfft,
wie versteinert, mit offenem Munde
dagestanden). Ich — reden — ich —
kann nicht — meine Gedanken melden
das Vergleichsverfahren an! Mein
Stück soll der geschrieben haben —
dieser bei seiner Geburt von der Natur
um zwei Füße verkürzte Esel!

Brunnenthal. Herr von Nelkenduft, haben Sie denn nicht Ihr Ori-
ginal-Concept des Stückes?

Nelkenduft. Das hab' ich ihm
(auf Wirrmann weisend) gegeben,
und da er sich für den Autor ausgeben
wollte, hat er's wahrscheinlich ver-
nichtet!

Brunnenthal. In der That —
das wäre möglich! Aber zum Henker!
ich will — ich muß doch ins Klare
kommen! Ich will Beweise! Beweise!

Alle. Ja — Beweise!

Wirrmann. Mein Gott im Himmel! Beweise! Wie soll ich meine Va-
terschaft beweisen?

Mehrere (Bedenklich den Kopf
schüttelnd). Hm! hm! Es ist doch son-
derbar!

Wirrmann. Sie zweifeln wirklich?
(fast verzweifelnd.) Gott im Himmel,
schick Du mir einen Zeugen, oder leih
mir einen übertragenen Blitzstrahl, damit ich dem in sein Lügenmaul hinein-
fahren kann.

6. Scene.

Vorige. Stecherl (eilt in größter Aufregung durch die Mittelthür herein).

Ist der Herr Wirrmann da? — Um Gotteswillen! — Herr Wirrmann!

Alle (sich nach ihm umsehend). Was ist's — was soll's?

Wirrmann. Der Stecherl — mein Hausinspector? was ist's? — wie sehen Sie aus? brennts vielleicht bei uns?

Stecherl. Brennen? Ja — Feuer ist auf'm Dach — aber nur für Sie! Unglückseliger! (ringt die Hände.) Was haben Sie gethan?

Wirrmann (erstaunt). Ich?

Stecherl. Sie haben das Comödienstück geschrieben?

Wirrmann. Ja wohl —

Nelkenduft. Nein, — ich — ich!

Stecherl. Sie?! (zu Wirrmann.) Na — dann ist's ein Glück für Sie — nachher geschieht Ihnen nichts — aber Sie (zu Nelkenduft) kommen nur gleich mit — der Herr Commissär wartet schon draußen —.

Wirrmann (erstaunt). Commissär?

Nelkenduft (heftig erschreckt). Com — Commis —.

Alle. Was soll das bedeuten?

Malchen (erschreckt zu Wirrmann eilend). Vater! um Alles in der Welt! —

Wirrmann (zu Malchen). Ich bitte Dich, sei ruhig! — Du siehst ja ich bin's auch — (zu Stecherl.) Aber so reden Sie doch!

Stecherl. Heut nach dem Theater geh' ich nach Haus — will mich schon niederlegen — da — auf einmal klopft's an — „Herein!" ruf ich — wer tritt ein? — Ich hab' geglaubt, ich hab' den Tod davon — wenn man mir zur Ader gelassen hätte, ich hätt' keinen Kreuzer Geld gelassen.

Brunnenthal. Nur weiter — weiter! wer tritt ein?

Stecherl. Ein Commissär — ein wirklicher Commissär — fragt: ob der Herr Wirrmann noch im Haus wohnt? Ich sag: im Haus? ja — zu Haus? nein! — Wo find' ich ihn? fragt drauf der Commissär. — Na — ich habe gesehen, daß Sie mit der Fräule daher gefahren sind, und sag' ihm's — natürlich), solchen Herren muß man die Wahrheit sagen. — „Gut" — sagt er. Ich bitte Sie, fahren Sie mit mir dorthin, und rufen Sie ihn ab — er muß heut noch mit mir!

Wirrmann. Mit ihm? — ja wohin denn?

Stecherl. Wohin? — Wenn ein Commissär sagt: er muß mit mir, nachher fragt er noch): wohin?

Rosa. Aber mein Gott! (zu Wirrmann). Was haben Sie denn verbrochen?

Wirrmann. Ich — ich wüßte nicht. —

Stecherl. Sie haben geschrieben? das ist genug! —

Brunnenthal. Ja handelt es sich denn wirklich wegen des Stückes?

Stecherl. Um nichts Anders! - Wie ich während des Herfahrens aus den Reden des Herrn Commissärs entnommen habe, fühlt sich ein hoher Herr — ich glaub' gar ein Gesandter einer auswärtigen Regierung getroffen! — O Gott, o Gott! am Ende kriegen wir wegen der Komödie Krieg! — Es gibt an der Börse eine Panique — ich verkauf' Morgen meine Kasimir Esterhazy-Loose.

Wirrmann. Hm! hm! Die Sache schaut doch ernsthaft aus!

Rosa (zu Wirrmann). Aber lieber Wirrmann! was kümmern Sie sich denn? Es hat sich nur Herr von Nelkenduft zu verantworten!

Wirrmann (für sich). Ha! just recht! — jetzt wird er gleich andere

Saiten aufziehen! Wenigstens ist das erreicht! (laut.) Ja, freilich — der Herr von Nelkenduft —

Nelkenduft (in Angst und Verzweiflung). Ich — ich?! —

Brunnenthal. Ja, ja, Sie sind der Verfasser — Sie haben sich selbst als solchen bekannt — wir Alle sind Zeugen. —

Alle. Ja, ja — wir Alle!

Nelkenduft (ängstlich). Aber mein Gott! schreien Sie doch nicht so. —

Stecherl. Na — machen Sie jetzt keine Umstände, kommen Sie hinunter!

Nelkenduft. Wie heißt hinunter?

Brunnenthal. Nun Herr von Nelkenduft — benehmen Sie sich gefaßt und männlich — ein Schriftsteller muß muthig einstehen können für das, was er geschrieben.

Rosa. Und wegen ein paar Jahre Festung —

Nelkenduft. Festung! — Mir wird nicht gut (zur Gesellschaft). Wissen Sie — es — es ist nicht Alles von mir, nur ein Theil — ein unschuldiger Theil —

Wirrmann. Aha! (zur Gesellschaft). Hört! hört! — Er läßt schon handeln — aber das nützt Alles nichts! Ich geb' mich mit so einer halben Erklärung nicht zufrieden! — Entweder Sie gestehen, daß gar nichts — nicht eine Silbe von Ihnen ist.

Nelkenduft. Nein, das sag' ich nicht.

Wirrmann. Nun — dann (hängt sich in Nelkendufts Arm.) Arm in Arm mit Dir auf's Blutgerüst — Arm in Arm mit Dir zur Hölle! (will ihn fortziehen.)

Nelkenduft (sich sträubend). Aber um Gotteswillen! machen Sie mich nicht unglücklich! —

7. Scene.

Vorige. Hell (die Mittelthür öffnet sich, man sieht im Vorgemach Hell).

Stecherl (sieht sich um). Der Herr Commissär!

Nelkenduft (erschrocken zusammenschnappend.)

Allgerechter! — Barmherzigkeit! Ich gestehe Alles! (sinkt in die Kniee). Ich habe gar nichts geschrieben — ich habe die Unglückskomödie heute zum ersten Male gesehen! Ich bin unschuldig, wie ein bethlehemitisches Kind! Ich schwör's!

Wirrmann (zu Allen). Haben Sie's gehört? — haben Sie's gehört? Nun (mit einem gewissen Heroismus) mag mit mir geschehen, was da will, ich stelle mich mannhaft — (sich hoch aufrichtend und gegen die Mittelthür wendend) Herr Commissär, ich bin der Ihrige! (wendet sich zum Abgehen.)

Malchen (will ihm nach).

Brunnenthal und Rosa sind bemüht sie zu beruhigen.)

Während dieser Gruppe fällt der Verwandlungsvorhang.

8. Scene.

Salon im Palais des Grafen Schwertbach), prächtig eingerichtet, mit einer Mittel- und einer Seitenthür. Im Vordergrunde rechts ein Schreibpult mit darauf liegenden Büchern und Schriften. Auf demselben eine elegante Bronce-Lampe mit brennendem Lichte.

Pierre. Wirrmann.

Pierre (öffnet die Mittelthür). Belieben Sie einzutreten!

Wirrmann (tritt ein, sich vor Pierre tief verneigend). Bin so frei, weil Sie erlaubt haben.

Pierre. Wollen Sie sich kurze Zeit gedulden — Se. Excellenz werden sogleich erscheinen! (ab.)

Wirrmann (ihm nachrufend).
Bitte, es pressirt nicht! ich weiß eigentlich gar nicht, wo man mich hingebracht
hat?—Der Herr Commissär war zwar
sehr artig, er hat mich ganz höflich gefragt, ob ich nicht mit ihm zu Jemanden fahren möchte, der nothwendig mit
mir zu reden hätte? Na, ich hab mich
zu ihm in den Wagen gesetzt, und gar
nicht weiter gefragt, die Herren geben
ja ohnehin bei solchen Anlässen keine
weitere Auskunft! — Wir sind nicht
weit gefahren, so hat der Wagen gehalten — der Portier am Thor, den
hätt' ich mir eigentlich zum Vertheidiger
wählen sollen, denn der hat mir gleich
heraus geholfen, aus dem Wagen
nämlich), — da sind wir über die breite
Stiege herauf — durch lauter Zimmer
voll Livree — im letzten hat der Commissär dem schwarzen Herrn etwas in's
Ohr gesagt, hat „gute Nacht!" gesagt,
und ist fort! — Da steh ich jetzt. (sieht
sich um.) Ein sehr vornehmes Zimmer—
und Der hat was von einer Excellenz
gesagt (schwer athmend). Da bin ich
vermuthlich bei einem Justizpräsidenten
oder so was dergleichen!—Sie müssen
den Fall als einen sehr schweren be-
handeln, wenn so ein Herr selber sich
damit abgibt! (erschreckt auffahrend).
Er kommt — jetzt nur die fünf Sinne
bei einander behalten!

9. Scene.

Graf Schwertbach Wirrmann.
Graf (aus dem Seitenzimmer).

Wirrmann)verneigt sich beinahe
bis zur Erde).
Graf. Herr Wirrmann! Ich bin
Ihnen sehr dankbar dafür, daß Sie
meinem Wunsche sogleich entsprachen!
Wirrmann. O! bitte — Schuldigkeit — (für sich) sogar verfluchte
Schuldigkeit, wenn man so abgeholt
wird. —

Graf. Vor allem wünsche ich Ihnen
Glück zu dem heutigen Erfolge. —
Wirrmann. Ja, der Erfolg wäre
schon gut, (für sich) aber die Folgen!
Graf. Es freut mich, Sie persönlich
kennen zu lernen.
Wirrmann. Bitte, meinerseits!
(für sich seufzend). Ist mir ein wahn-
sinniges Vergnügen!
Graf. Doch nun würden Sie mich
sehr verbinden, wenn Sie einige Fragen
wahrheitsgetreu beantworten wollten!
Wirrmann (für sich). Aha, jetzt
geht's Verhör an! (laut). Ich bitte!
Graf. Sagen Sie mir, woher haben
Sie den Stoff zu Ihrem Stücke?
Wirrmann. Den Stoff? den hab
ich aus der Niederlage bezogen, welche
die besten dramatischen Stoffe liefert—
aus dem Leben!
Graf (rasch). Aus dem Leben der
Schauspielerin, welche die Hauptrolle
spielte? Nicht wahr?
Wirrmann (sieht ihn überrascht
an). Nein! die Handlung des Stückes
hat sich einige Jahre früher zugetragen,
ehe diese Schauspielerin noch zu leben
angefangen hat!
Graf (sich mühsam beherrschend).
Ja — ja ich weiß wohl—doch— eben
diese Schauspielerin hat eine so sehr in
die Augen springende Aehnlichkeit mit
der Künstlerin, welche sich einst in den
im Stücke geschilderten Conflicten wirklich befand, daß sie dieselbe nicht dar-
zustellen, sondern diese selbst — wie
sie vor mehr als zwanzig Jahren war
- zu sein schien!
Wirrmann. Ja, sie ist ganz und
gar das Ebenbild ihrer verstorbenen
Mutter!
Graf (heftig erschüttert). Ihrer verstorbenen — (wankt und hält sich mit
einer Hand am Schreibpulte).»
Wirrmann (erschreckt). Um Gotteswillen —Euer Excellenz! Sie werden
todtenbleich) — soll ich rufen?

Graf (winkt abwehrend mit der Hand, fährt sich mit dem Sacktuche über die Stirne). Es ist nichts — es geht vorüber! (läßt sich auf den Stuhl nieder, und stützt das Haupt in die Hand).

Wirrmann (für sich). Merkwürdig! — bei dem Verhör wird dem Richter nicht gut!

Graf (für sich). Verstorben? Wie dieß Wort mich erschütterte und doch hatte ich mich mit dem Gedanken längst vertraut gemacht! — Sie ist todt — und nun — nach zwanzig Jahren — trat sie mir heute — gleichsam neu erstanden — in ihrem ganzen Liebreize wieder entgegen! — (steht auf, laut.) Fräulein Lindwall hat Ihnen also wahrscheinlich die Lebensgeschichte ihrer Mutter erzählt? —

Wirrmann (erstaunt). Sie — mir?

Graf (ohne auf ihn zu achten). Und Sie brachten dieselbe in dramatische Form.

Wirrmann. Ja — es ist zum ersten Mal, daß ich so etwas probirt habe —

Graf. Sie haben, ohne es zu ahnen, in mir die schmerzlichsten Erinnerungen wachgerufen!

Wirrmann (immer mehr staunend). In Ew. Excellenz?

Graf. Denn jener junge Graf, welcher mit der vollen Schwärmerei der Jugend die Alles bezaubernde Sängerin liebte — war — ich selbst!

Wirrmann (zurücktaumelnd). Sie?! Ew. Excellenz?! (für sich.) Na jetzt kann's schattig werden.

Graf. Sie war damals plötzlich verschwunden — alle meine Nachforschungen führten zu keinem Resultate. Erst heute gab mir Ihr Stück Aufschluß. Können Sie mir vielleicht noch weitere Mittheilungen machen?

Wirrmann. Ich bitte Excellenz haben zu befehlen!

Graf. War derjenige, den sie zum Gatten wählte, doch ein braver Mann?

Wirrmann (rasch). Das versteht sich. (für sich.) Ich werde mir selber doch nichts Uebles nachsagen! aber daß ich's war, sag ich ihm um keinen Preis, sonst kriegt er am Ende eine Paffion auf mich!

Graf. Und Amaliens Tochter — die reizende Schauspielerin Lindwall —

Wirrmann (mit wirklicher Innigkeit). Ah! das ist ein herzensgutes liebes Geschöpf! Sie hat Tag und Nacht gearbeitet und ist jetzt nur Schauspielerin geworden, um ihren alten Vater unterstützen zu können!

Graf. Also ist ihr Vater in dürftigen Verhältnissen? wer ist er jetzt?

Wirrmann. In dem Augenblick hat er eine sehr zweifelhafte Stellung — (für sich) es ist namentlich nicht gewiß, ob er nicht sitzen muß!

Graf. Sie ist also in Noth und Armuth! Und wenn ihre Mutter meine Frau geworden wäre —

Wirrmann. Mein Gott! Wer weiß, ob dann das Mädel nicht ein Bub' wär'!

Graf. Aber meine Verwandschaft! — Sie haben diese scharf gezeichnet —

Wirrmann (für sich). O weh! jetzt kommt mein Sündenregister! (laut) Entschuldigen Excellenz! ich habe nur nachdem, was ich so gehört hab' —

Graf. Nein, nein — es sind wohlgetroffene Portraits, wenn auch mitunter an die Carrikatur streifend — ich kann ein Urtheil fällen.

Wirrmann (erschreckt beinahe zusammenbrechend). Ein Urtheil? O Gott! O Gott! jetzt kommt's —

Graf (geht in Gedanken versunken auf und nieder).

Wirrmann (ihn betrachtend). Er red't nichts mehr -- geht auf und ab — die Untersuchung ist im vollen Gang — (dem Grafen nachsehend.) Excellenz wollen gnädigst bedenken —

ich bin ein jugendlicher Anfänger — das ist das erste Stück — ich werd's mein Lebtag nicht wieder thun. —

Graf (bleibt beim Schreibtische stehen, laut). Ich bin Ihnen für Ihre Aufklärungen zur Dankbarkeit verpflichtet — als einen kleinen Beweis derselben und als ein Andenken an den heutigen Abend wollen Sie dies — (nimmt vom Tische eine goldene Uhr sammt Kette, und reicht sie Wirrmann) freundlich entgegennehmen!

Wirrmann. (nimmt die Uhr, seinen Augen nicht trauend). Wa — was eine goldene Uhr? Ja wie ist mir denn? Und sonst — sonst geschieht mir nichts?

Graf. Was sollte Ihnen denn geschehen?

Wirrmann. Aber — verzeihen — bin ich denn hier nicht vor einer Gattung Gerichts- oder Justiz-Präsidium?

Graf (lächelnd). Welch ein Gedanke! hat man Ihnen denn nicht gesagt? — Ich bin Graf Schwertbach und ließ Sie bitten, mich zu besuchen.

Wirrmann (aufathmend). Ah, jetzt ist's gut! Oh — bitte tausendmal um Verzeihung, daß ich Ew. Excellenz in einem solchen Verdacht gehabt habe.

Graf. Lassen wir dieß. Sie könnten sich mir noch weiter gefällig zeigen.

Wirrmann. O bitte nur zu befehlen!

Graf. Es wäre mein Wunsch, jenes Fräulein Lindwall auch einmal außerhalb der Bühne zu sehen.

Wirrmann (den Gedanken auffassend). Excellenz! Sie ist jetzt bei einer Soiree im Salon des Fräuleins Florheim — dort sind eine Menge Kunstfreunde, und wenn Ew. Excellenz mit mir kommen, ich bin sehr intim im Hause —

Graf (für sich). Meine Sehnsucht überwindet jede Bedenklichkeit. (laut). Ja — ich werde kommen, wenn Sie das Erscheinen des Ungeladenen bei

den Damen des Hauses entschuldigen wollen —

Wirrmann. O Gott — entschuldigen! Ehre Glanz —

Graf. Also — auf baldiges Wiedersehen! Ich wechsle nur die Toilette und folge Ihnen bald. —

Zehnte Scene.

Wirrmann (allein). Was für eine ganz unerwartete Wendung die Sache genommen hat. Ist das aber auch ein lieber Herr — der Herr Graf, großmüthig, wie ein Löwe. — Na, wenn's eine Seelenwanderung gibt, wird er vielleicht auch einmal so ein königliches Thier. Man sollte beinahe wirklich an eine Seelenwanderung glauben, denn bei manchem Menschen sieht man schon, so lang sie noch in menschlicher Gestalt herumgehen leise Andeutungen von dem Körper, in dem im Fall einer Seelenwanderung ihr bischen Seele hinüber changiren dürfte.

Lied.

Am Kohlmarkt, wenn's einmal anzünden d'Latern,
Sieht täglich man stehn einen sehr feinen Herrn —
Wie der gracieus sich bald dreht und bald wend't —
Den Backenbart streichelnd mit alle zwei Händ' —
Und wenn just vorbei eine Dam' gehen thut,
Da hupft er und buckt sich, schaut ihr unter'm Hut —
Steckt'n Zwicker in's Aug, um nur recht zu sehn,
Und grinst gar so süßlich, und bleckt seine Zähn' —
Wenn's Seelenwandrung gibt — was wird Der?
Na, das zu errathen ist nicht schwer.

Was er jetzt thut, wird er auch verwandelt noch thun,
Doch hinter ein'm Drahtgitter, drauß'n
in Schönbrunn.

Ein Mädel, erzogen weit draußt auf
dem Land,
Die bringt man in d'Stadt, in ein'm
wunderschön G'wand —
Das G'sichtl wär sauber, doch wie's
's Maul aufmacht -
Beim ersten Wort kennt man, s'ist dumm
wie die Nacht
„Ja — ja" — und — „nein — nein"
und „ich mein' und ich muß"
Sonst bringt man nichts 'raus von ihr
bei ein'm Discours –
Und wenn's erst 'nen Brief schreibt –
die Ortografie —
's Wort „Schusterbub" schreibt mit
ein'm Ypsilon sie —
Wenn's Seelenwand'rung gibt—
was wird die?
Na, das zu errath'n kost't kein'
Müh' -
Die kommt einst zu Hof — von Preß-
burger Jud'n wird
Sie dort zu Martini auf Silber prä-
sentirt.

Als dreifacher Hausherr kommt ein'r
schon auf d'Welt,
Wenn er red'n lernt, sind d'ersten Wort
die: „Ich hab Geld!"
Als Bub in die Schul' geh'n? — na,
das wär weit g'fehlt,
Zu was denn studiren? — Der Bub hat
ja Geld!
Dann heirath't er eine — na, die, die
ist g'stellt,
Sie ist grad so dumm wie er, doch sie
hat Geld
So lebt er behaglich, sein Restel
(Restchen) von Hirn,
Thut höchstens 's Berechnen vom Zins
strapezir'n,
Wenn's Seelenwandrung gibt,
was wird der?

Na — der schwimmt noch einmal
draußen im Meer;
Dann wird ihm in Norweg'n der Kopf
abgehaut,
Dann eß'n wir ihn hier, an ein'm Fast-
tag mit Kraut.

Ein Eh'mann, der ist gar ein seel'nguter
Kerl,
Und sein hübsches Weiberl, daß ist gar
'ne Perl —
Ein Jahr nach der Hochzeit, hat's ihm
erst erzählt:
Es wär' noch ein Vetter von ihr auf
der Welt.
Den lad't er gleich höflich ein, z'kommen
in's Haus —
Wenn der bei der Frau ist, geht er
derweil aus,
Dafür aber gibt er auf d'Kinder hübsch
acht,
Wenn d'Frau mit'm Herrn Vetter
Spaziergänge macht,
Wenn's Seelenwandrung gibt,
was wird der?
Na, das zu errathen ist wirklich
nicht schwer —
Den seh'n wir am Wildpretmarkt hängen
— 'ne Pracht!
Und aus seiner Haut werden, Reit-
hosen g'macht.

Ein Herr, der geht immer nur im
schwarzen Kleid,
Als trauert er um die vormärzliche
Zeit,
Wenn's Volk aufgeklärt wird, vom
Aberglaub'n frei,
Dann schreit er gleich: „Höllenwerk!
Freimaurerei!"
Er seufzt: „Ach! wenn ich's nur erleben
noch könnt'
Daß man, wie in Spanien einst,
d'Juden verbrennt!
Das Vorwärtsgeh'n—bringt das Land
um sein Glück—
Mein Wahlspruch lautet: Zurück, nur
zurück!

Wenn's Seelenwand'rung gibt,
  was wird der?
Na, das zu errathen ist wahrlich
  nicht schwer —
Er wird, auch verwandelt, noch rück-
  wärts stets geh'n,
Dann krieg'n wir'n als rothg'schottnen
  Laibacher z'sehn.

D'Fräule Tochter hat g'heirath't —
  d'Mama zieht in's Haus,
Sie muß bei „ihr'm Kind" bleib'n,
  das macht sie gleich aus.
Mit ihr fangt das Kreuz an am näch-
  sten Tag schon —
Den Mann thut's hofmeistern — da
  heißt es „Herr Sohn!
Eine zarte Behandlung ford'r ich für
  mein Kind!„
Das Ess'n ist ihr z'schlecht, und zu dumm
  das Gesind'.
Den ganzen Tag belfert herum sie im
  Haus,
Und treibt selbst den eh'lichen Frieden
  hinaus!
Wenn's Seelenwanderung gibt,
  was wird die?
Na, das zu errathen kostet kein'
  Müh' —
Der Schrecken der Indier wird die
  einst wer'n (werd'n),
Wann sie's nur von weiten daher klap-
  pern hör'n.
(geht ab).

Eilfte Scene.

Graf Schwertbach. Stromfeld.
Graf, im Oberrocke, den Hut in der
Hand, tritt aus der Seitenthür rechts,
in demselben Moment durch die Mitte
Stromfeld.

Stromfeld. Theurer Onkel! —
verzeihen Sie den späten Besuch', doch
ich sah' die Fenster Ihres Hotels beleuch-
tet —.

Graf. Und wähntest vielleicht ich
sei unwohl? Nein lieber Neffe! (lächelnd)

ich fühle mich heute fast zu wohl —
zu jugendlich!

Stromfeld. Onkel, Sie ermuthi-
gen mich zu dem Bekenntnisse, daß ich
eine Wahl getroffen —.

Graf. Wie? Du?

Stromfeld. Und zum Glücke ein
Wesen, dessen bescheidene Ansprüche —

Graf (einfallend). Du wähltest
also ein Mädchen aus einem unter-
geordneten Kreise?

Stromfeld. Wenn die Geburt
die Ordnung bestimmt, — dann ja!
Aber Onkel! rechnen Sie die Priester-
schaft der Kunst auch zu den unter-
geordneten Klassen?

Graf (gleichsam sich selbst rechtfer-
tigend). Der Kunst? — Ah, — ja.
Die Kunst gibt einen gewissen Adel,
und die Fälle stehen nicht vereinzelt da,
daß selbst Männer aus den edelsten Ge-
schlechtern sich nichts vergaben, wenn sie
eine Künstlerin zu ihrer Gattin wählten.

Stromfeld (hoch erfreut). Sie
würden also einer solchen Wahl Ihre
Zustimmung nicht verweigern?

Graf. Im Gegentheil — es ist mir
eine Befriedigung, daß unsere An-
schauungen sich derart begegnen!

Stromfeld. Zwar ist meine Geliebte arm —

Graf. Armuth ist für weibliche
Schönheit das beste Jugendzeugniß —

Stromfeld. Ach! sie ist ein Engel
— doch ihr Vater stellte mir eine Bedingung, deren Erfüllung nur durch
eine von Ihrer väterlichen Gnade zu
erbittende Herablassung möglich wäre—

Graf. Und diese ist — ?

Stromfeld. Er verlangt, daß Sie
Sie selbst für mich um die Hand
seiner Tochter werben.

Graf. Nun, wenn's sonst nichts
ist —

Stromfeld. Wie Onkel! Sie wollten wirklich?

Graf. Es ist das Geringste, was ich
Dir gleichsam als Ersatz leisten kann —

4

Stromfeld. Dann erlauben Sie, daß ich sogleich forteile, ihn von ihrer Huld zu benachrichtigen (will fort).

Zwölfte Scene.

Vorige — Wirrmann.

Wirrmann (eilt zur Mittelthür herein).

Stromfeld (erstaunt stehen bleibend). Herr Wirrmann —!

Wirrmann (ebenfalls überrascht). Herr Baron!

Wirrmann. (zugleich). Wie kom

Stromfeld. men Sie hieher?

Stromfeld. Ich — ich bin im Hause meines Oheims!

Wirrmann. Wie? — Was? — das — Ihr Onkel?

Graf. Wie ich bemerke, kennen sich die Herren?

Stromfeld (zum Grafen eilend, leise). Dieß dieß ist ja der Vater meiner Geliebten oh! wenn Sie jetzt! —

Graf (leise, lächelnd). Nun, der gibt mir keine Resüs! (zu Wirrmann) Doch was führt Sie zu mir zurück?

Wirrmann (zum Grafen). Excellenz! die ganze Unterhaltung ist aus. Man hat in der Gesellschaft meine Abholung für eine Arretirung gehalten — Alles war bestürzt — Alles wollte wissen, wohin ich gebracht werde — Alle haben sich in Fiakers geworfen, und sind dem Wagen, in welchem ich daher gebracht worden bin, nachgefahren — die ganze Gasse vor Ihrem Palais ist nur eine Allee von Wägen —

Graf. Wie? — Alle in den Wägen — vor meinem Palais (leise). Fräulein Lindwall auch?

Wirrmann. Versteht sich!

Stromfeld. Ihre Tochter auch?

Wirrmann. Ja natürlich!

Graf (für sich). Das gibt mir eine

gute Gelegenheit (laut). Ich bedaure sehr Ursache dieser Störung gewesen zu sein, und will Ihnen vor Ihren Freunden eine Erklärung geben. — (zu Stromfeld). Bitte Du die Damen und Herren sich in die Salons zu begeben, indeß (leise zu Stromfeld) werde ich hier (auf Wirrmann deutend) bleiben.

Stromfeld (leise zum Grafen). O Sie sind die himmlische Güte selbst! Ich eile, Alles zu besorgen! (ab durch die Mitte.)

Graf. Lieber Wirrmann, mein Neffe legte mir soeben ein Bekenntniß ab —

Wirrmann. Ah kann mir's denken — meine Tochter —

Graf. Nun — ich erfülle die Bedingung ich werde hiermit förmlich um die Hand Ihrer Tochter für meinen Neffen — ja ich bitte Sie —

Wirrmann (höchst geschmeichelt) Ew. Excellenz! Sie — Sie bitten Ach! jetzt ist's was anders! (mit vornehmen Wesen). Ich — ich fühle mich sehr enchantirt, — sehr honorirt — und sehr gerührt — solche Verwendung — kann nicht umhin — (plötzlich wieder von seinen natürlichen Gefühlen hingerissen, beide Hände des Grafen fassend.) Nein — Excellenz! Ihnen könnt ich wirklich nichts abschlagen — Sie sind ein lieber — lieber Mann!

Dreizehnte Scene.

Vorige. Stromfeld. Malchen.
Rosa und Gesellschaft

Stromfeld (erscheint, an einer Hand Malchen, an der andern Rosa führend unter der geöffneten Mittelthüre).

Graf (sie erblickend für sich). Ha! die Lindwall — und — die Andere ist wohl Wirrmanns Tochter (laut). Nun hier sind die Liebenden — verkünden Sie ihnen ihr Glück!

Wirrmann (sich umsehend). Richtig da sind sie! — (zu den Kommenden.) Kommt her Kinder!

Stromfeld (freudig). Wie? schon alles erledigt? (zu Malchen.) O Theure! lassen Sie uns den Segen Ihres Vaters und meines würdigen Oheims erbitten. (eilt mit Malchen in den Vordergrund.)

Malchen Herr Graf — Vater!

Stromfeld. Verehrter Onkel!

Graf (zurücktretend). Wie — diese — diese Ihre Tochter?

Wirrmann. Ja — ich habe nur die Einzige.

Graf. Fräulein Lindwall?

Wirrmann. Das war nur ihr Theatername. —

Graf (zu Wirrmann). Also sind Sie — Sie derjenige, welchen meine Amalie zum Gatten wählte?

Wirrmann. Ja — verzeihen Sie mir's — ich habe eigentlich selber nicht gewußt, wie ich dazu gekommen bin!

Graf (abgewendet für sich). Sie seine Tochter, und sie —

Wirrmann (leise zu Stromfeld). Was ist ihm denn? Mir scheint, meine Tochter gefällt ihm außer dem Theater nicht?

Vierzehnte Scene.

Brunnenthal, Henriette, Damen und Herren, Wall, treten durch die Mitte ein.

Graf (freundlich). Ich habe Sie zu mir bitten lassen, um Ihnen die plötzliche Abberufung des Herrn Wirrmann zu erklären. — Er ertheilte mir die gewünschten Aufschlüsse und ich erkannte in diesem holden Engel (Malchens Hand fassend) die Tochter der edlen Frau, welche um meiner Zukunft willen, einst ihrem eigenen Glücke entsagte! Es ist eine heilige Pflicht, welche ich gegen die Verewigte übe, indem ich ihre Tochter nun als meine Nichte — ja — als mein eigenes Kind erkenne. (zu Malchen.) Werden Sie Ihrem alten Adoptiv-Vater ein Plätzchen in Ihrem Herzen einräumen?

Malchen (will seine Hand küssen). Herr Graf —

Graf. In meine Arme! Uns Allen bleibt nur die Freude, dieses Glück zu begründen — und zu segnen! (Beide breiten ihre Hände über das Paar aus).

Rosa (zu Wirrmann). Ihr Stück war recht gut, aber das Nachspiel, welches der Herr Graf dazu gedichtet hat, (auf das Paar weisend) hat noch einen bessern Ausgang! Rufen Sie Alle mit mir: Es lebe hoch der Verfasser!

Alle. Hoch! Hoch! Hoch!